AF276856

AQUÍ TODOS VENDEMOS

Inteligencia comercial para líderes

ANA BELÉN GONZÁLEZ
ENRIC LLADÓ
PILAR SARDÀ

KOLIMA
BOOKS

Título original: *Aquí todos vendemos.*
                   Inteligencia comercial para líderes.

Primera edición: Junio 2025
© 2025 Editorial Kolima, Madrid
www.editorialkolima.com

Autores: Ana Belén González, Enric Lladó y Pilar Sardà
Dirección editorial: Marta Prieto Asirón
Maquetación de cubierta: David Visea
Maquetación: Carolina Hernández Alarcón

ISBN: 978-84-10209-61-9
Depósito legal: M-12330-2025
Impreso en España

No se permite la reproducción total o parcial de esta obra, ni su incorporación a un sistema informático, ni su transmisión en cualquier forma o por cualquier medio, sea este electrónico, mecánico, por fotocopia, por grabación u otros métodos, el alquiler o cualquier otra forma de cesión de la obra sin la autorización previa y por escrito de los titulares de propiedad intelectual.

Cualquier forma de reproducción, distribución, comunicación pública o transformación de esta obra solo puede ser realizada con la autorización de sus titulares, salvo excepción prevista por la ley. Diríjase a CEDRO (Centro Español de Derechos Reprográficos) si necesita fotocopiar o escanear algún fragmento de esta obra (www.conlicencia.com; 91 702 19 70 / 93 272 04 45).

PRÓLOGO

Aquí todos vendemos va de vender, sí.

Pero de vender con mayúsculas.

De vender de verdad.

Como decía el gran Zig Ziglar, al que hemos querido honrar dando su nombre a uno de los personajes de nuestra historia, «vender es la profesión más bonita del mundo».

Pero también decía que curiosamente es la profesión peor vendida del mundo. En casa del herrero, cuchillo de palo.

Por eso muchas personas no entienden lo que es vender.

Piensan que es obligar a alguien a comprar lo que no quieren, crearle una falsa necesidad o incluso engañarlo.

Así es como la profesión ha adquirido tan mala prensa. Especialmente entre aquellos que no forman parte del departamento comercial. Y que, como es natural, prefieren que de las ventas se ocupen otros.

Pero ¿qué pasaría si descubriéramos lo que realmente significa vender?

¿Qué pasaría si nos pareciera algo tan gratificante que tuviéramos ganas de hacerlo, aunque no estuviéramos en el departamento de ventas?

¿Qué pasaría si todos nos sintiéramos orgullosos de decir «yo también vendo»?

Esto es lo que sucede al descubrir los principios de *Aquí todos vendemos.*

Que despiertan en nosotros la pasión por las ventas bien entendidas.

Guiados por esta pasión acabamos descubriendo que, ocupemos la posición que ocupemos en la empresa, todos tenemos un gran potencial para generar ventas.

Unas ventas que, más allá del resultado de negocio, nos harán crecer profesional y personalmente, contribuyendo así con nuestro éxito al éxito de nuestra organización.

Las empresas que despliegan esta filosofía consiguen desatar el potencial comercial de toda la organización, mucho más allá del departamento de ventas.

Esto les permite incrementar la satisfacción de los clientes y la cifra de facturación.

Pero incluso más importante que esto es que así logran aumentar la satisfacción de los empleados y fomentar una cultura de intra-emprendimiento que abrirá un abanico lleno de nuevas y sorprendentes posibilidades de desarrollo.

MODO DE EMPLEO

Este libro ha sido escrito para que el lector pase un rato entretenido. Pero, sobre todo, su finalidad principal es el aprendizaje.

Por eso ofrece una lectura interactiva que invita a una reflexión profunda.

En las primeras páginas se presentará un caso y será el lector quien tome las decisiones necesarias para resolverlo. Deberá decidir hacia qué páginas prefiere avanzar, aprendiendo así de sus aciertos y también de sus propios errores.

A medida que el lector avance en el caso, y gracias a estos aprendizajes, podrá ir descubriendo los cinco principios de la filosofía de *Aquí todos vendemos*.

Si toma las decisiones acertadas, en tan solo quince pasos conseguirá llegar al final.

En caso contrario la historia se irá complicando. Y lo más probable es que llegue a finales alternativos poco satisfactorios.

Si esto sucede invitamos al lector a reflexionar para determinar dónde se equivocó y decidir hasta dónde retroceder, para retomar la historia cambiando su decisión.

Así que no se trata de ir deprisa. Se trata de reflexionar en profundidad para llegar más lejos.

Sugerimos entonces emprender este viaje con calma, pensando bien cada una de las decisiones antes de tomarlas, incluso las que parecen más sencillas. Porque tal vez no lo sean tanto.

Al final del libro el lector dispone de un resumen con los cinco principios del método y también de una relación de las decisiones correctas, con una breve explicación de cada una de ellas.

Por supuesto nuestra recomendación es que no se lean hasta haber acabado completamente el recorrido por uno mismo.

De esta manera es posible experimentar toda la historia en primera persona, integrando los aprendizajes de un modo más vívido y con un impacto más profundo.

Aterrizas puntual a las 18:20 h en la terminal 5 del aeropuerto de Chicago.

Necesitas estirar las piernas y como llegar al hotel parece fácil cogiendo la «Blue Line», simplemente sigues las indicaciones hasta la estación.

Tu primera decisión en Chicago y tu primer error: allí todo está más lejos de lo que parece, los trenes son viejos, estrechos, incómodos y parecen estar siempre a punto de descarrilar.

Sin embargo te alivia pensar que en menos de una semana podrás dejarlo todo resuelto y volver a casa. Ya vendrás a hacer turismo en otra ocasión... O quizás no.

Nunca habrías pensado en esta ciudad como destino de vacaciones, y la verdad es que fácilmente se te ocurren muchos otros sitios adonde escaparte a disfrutar.

Cuando por fin llegas al hotel solo piensas en meterte en la cama. Con la diferencia horaria, para ti son las 4:00 h de la madrugada.

En la recepción te espera Steven Ellis, el gerente del hotel, con quien has estado hablando cada día de las dos últimas semanas.

Fue precisamente Steven quien contactó contigo para anunciarte la muerte de Henry, un tío lejano al que jamás conociste y que en su testamento te legaba, ni más ni menos, que la propiedad del pequeño hotel.

—¡Bienvenido al hotel Columbus!

—Muchas gracias, Steven.

—No, gracias a ti por venir tan pronto. Imagino que no habrá sido fácil conseguir unos días libres en el trabajo y dejar a la familia para venir a Chicago.

—No hay problema, necesitaba unos días de vacaciones y en estos momentos... no creo que mi pareja me eche mucho de menos, la verdad... —Al pronunciar esas palabras no puedes evitar hacer una mueca—. Quiero cerrar el tema lo antes posible. Como te dije, ya hay inversores interesados en comprar. Te hablé de Blackpearl, ¿no? Mañana mismo me reuniré con ellos. Son un grupo muy potente; parece que la venta será fácil y rápida.

—Bueno, quizás no deberías precipitarte. Hay otras alternativas viables para mantener la propiedad y la esencia del hotel. Está claro que Henry pensó que tú serías la mejor persona para hacerlo.

—¡¿Yo?! ¡Qué locura! Jajajaá. ¡Solo me faltaría eso! Aun suponiendo que yo viviera aquí, no tengo ni la más remota idea de hoteles. Y no te lo tomes a mal, pero tampoco tengo mucho interés. No creo que sea una buena idea. En cualquier caso, la verdad es que ahora mismo el cansancio me supera. Necesito dormir. Si te parece seguimos hablando mañana.

—Sí, claro, por supuesto. Pero antes de que te vayas, déjame darte este sobre. Henry me pidió que te lo entregara personalmente.

Coges el sobre y subes a la habitación.

Después de una ducha reconfortante te desplomas en la cama. Cuando estás a punto de apagar la luz, reparas de nuevo en el sobre. Decides abrirlo. En su interior hay un texto tan corto como extraño.

Estimado Robert,

Nunca llegamos a conocernos, pero la abuela Paulette, que en paz descanse, estaría muy contenta si supiera que te hago heredero de todo lo que tengo.

El hotel ya es tuyo.

Ahora me falta legarte todo lo que sé, que es mucho más importante que el propio hotel. Recuerda siempre esto:

**Todo lo que genera ventas es un ACTIVO
y lo que no es un PASIVO.
Por eso AQUÍ TODOS VENDEMOS**

Estoy convencido de que el equipo del hotel te lo explicará con gusto.

Mira, escucha y aprende.

Te deseo tanto éxito en la vida como siento que he tenido yo.

Somos muy afortunados.

Abrazos,

Henry

Al día siguiente se te pegan las sábanas y tienes que vestirte a toda velocidad para llegar a tiempo a la reunión con los posibles compradores.

Justo antes de salir del hotel te encuentras con Steven en la recepción. Parece que estaba esperándote, pero no quieres entretenerte porque vas súper justo de tiempo.

–Buenos días, Steven. Voy con un poco de prisa. En cuanto vuelva de mi reunión te busco y te explico cómo ha ido. Por cierto, toma; esta es la nota de Henry... Él también tenía claro que lo mejor es vender.

–¿En serio? A ver...

Su cara de extrañeza se convierte en una amplia sonrisa.

–Pues creo que te equivocas. Lo que Henry te está diciendo en esta nota es justo lo contrario, que no vendas. Si quieres te lo explico.

Decide qué vas a hacer:

- Si decides postponer esta conversación para no llegar tarde y acelerado a tu reunión con Blackpearl, pasa a la **página 100**. Ya tendrás ocasión de hablarlo más tarde con Steven.

- Si a pesar de todo prefieres darle ahora unos minutos a Steven pasa a la **página 136**.

Resignado, decides aceptar la oferta. Aunque no era lo que esperabas te permitirá acabar de una vez por todas con este tema, coger algo de liquidez y volver a casa...

Es cierto que te da mucha rabia, pues ya habías empezado a hacer planes con ese dinero: cancelar la hipoteca, comprarte el cochazo ese que tanto te gustaba... En fin, el coche tendrá que esperar.

Tras la firma decides pasear hasta el hotel. Mientras caminas por la agradable zona de The Loop te das cuenta de que no has cerrado con Blackpearl el mantenimiento de los puestos de trabajo de Steven y el resto de empleados... Es algo que pensabas hacer, pero tenías tanta prisa por firmar que no has caído en ese pequeño detalle.

Te sientes un poco culpable y decides consolarte pidiendo una porción doble de la típica *Deep dish stuffed pizza* de salami picante. No te puedes ir de Chicago sin probarla.

Con el estómago lleno piensas que probablemente no habrá problema con los puestos de trabajo. Al fin y al cabo los de Blackpearl deberían ser los primeros interesados en mantenerlos. Son ellos los que conocen todos los entresijos del hotel.

Aunque con estas multinacionales nunca se sabe...

Por si acaso decides que en cuanto llegues al hotel harás la maleta y te irás por patas. Que sean los de Blackpearl los que les cuenten a Steven y a los otros cómo queda la cosa tras la compra...

No puedes evitar pensar que este comportamiento no dice mucho de ti como persona, y tampoco como negociador, la verdad sea dicha... Pero ¡qué demonios! Bastantes preocupaciones tienes tú ya...

FIN

Tras una intensa búsqueda que se prolonga varias semanas, lo máximo que consigues es una oferta un 40 % inferior a la que te proponía Blackpearl.

El hecho de que cada vez que contactas con un inversor el precio sea más bajo te hace sospechar que en el mundillo de los hoteles se está corriendo la voz de tu ansia por vender y las cifras que andas manejando.

No te queda más remedio que cerrar el trato a la baja si no quieres arriesgarte a acabar en una situación todavía peor.

Bueno, «a caballo regalado»... piensas, mientras saboreas una cerveza en uno de los bares del aeropuerto de O´Hare, esperando el avión que te llevará de vuelta a Madrid... «Va por ti, tío Henry...».

Vuelves a casa con la sensación de que te han timado... Y también un poco frustrado, la verdad... Pero, en fin, así son los negocios. Unas veces se gana y otras...

FIN

Cuando tomaste la decisión de no vender estabas convencido de que sería lo mejor.

Desde el primer día en Chicago te diste cuenta de lo especiales que eran tanto la filosofía del hotel como sus empleados.

Por eso finalmente declinaste la oferta de Blackpearl y decidiste quedarte tú mismo al frente del hotel.

Sin embargo, pasado el tiempo ves con claridad meridiana que podrías haber sacado mucho más de aquella negociación con Sandra, Thomas y el señor Boukary. Pero mucho más.

Si tan solo hubieses prestado más atención a cuáles eran las verdaderas necesidades de Blackpearl... Sus verdaderas necesidades. Ahora lo ves claro. Pero es demasiado tarde.

Te has equivocado.

Vuelve a la **página 96** y revisa las opciones.

FIN

Le dices a Martina que llame a Óscar Torres. Que le diga que, aunque estás en Chicago y es de noche, revisarás el contrato y le enviarás un correo con lo que sea.

No te va nada bien ponerte ahora con esto, pero Óscar es uno de tus principales clientes. No te puedes permitir perderlo.

El contrato es muy denso. Lo que pensabas que te iba a llevar como mucho media hora acaban siendo más de tres.

El contrato es muy denso. Lo que pensabas que te iba a llevar como mucho media hora acaban siendo más de tres.

Terminas de madrugada. Y sin haber podido preparar tu estrategia de negociación con Blackpearl.

Pese a todo has cumplido. Envías el *mail* a Óscar Torres con los pasos a seguir. ¡Lo que hay que hacer por los clientes!

Días después, mientras sigues empantanado con tu negociación con Blackpearl, recibes una llamada de Martina.

—Tengo malas noticias, papá. Se trata del Sr. Torres.

—Ya le hice aquel favor... ¿Qué quiere ahora?

—Parece que el otro día envió un burofax a los del edificio, siguiendo tus instrucciones. Y resulta que ahora le han demandado. ¡Está súper enfadado! Me ha exigido que lo solucionemos inmediatamente y que, por supuesto, no nos piensa pagar ni un euro por las gestiones. Dice que todo es culpa nuestra. Papá, esto va a requerir mucho tiempo. Tendrás que venir urgentemente para solucionarlo.

No te queda otra que volver a Madrid. Los siguientes meses los dedicas casi en exclusiva a tratar de solucionar este problema. Te acaba requiriendo mucho más tiempo y dinero del que habías imaginado. El resto de proyectos pasan a un segundo plano. Esto tiene un impacto muy negativo en tu facturación. Te encuentras ahogado financieramente. Necesitas dinero con urgencia.

No te queda otra que malvender el Columbus a Blackpearl por un precio inferior al de su última propuesta. En cuanto se enteraron de tu situación aprovecharon para sacar tajada. ¡Buitres carroñeros!

FIN

Han pasado un par de días desde que le comunicaste a Blackpearl que no aceptabas su propuesta a la baja.

Durante este tiempo has aprovechado para visitar las zonas típicas de la ciudad: el Parque Millennium, la Torre Willis, el Field Museum...

La verdad es que «La ciudad de los vientos», como llaman a Chicago, es increíble. Sin embargo ya empiezas a aburrirte. Al fin y al cabo hacer turismo sin compañía no es lo tuyo. Y, sobre todo, estás inquieto porque la llamada de Blackpearl no llega. ¿Te habrás equivocado rechazando su oferta?

Al cabo de dos días más decides tomar acción y contactar proactivamente con otros inversores que ya tenías identificados antes de empezar las conversaciones con Blackpearl. Hablas con varios. Sin embargo, todos te ofrecen sumas inferiores... Empiezas a pensar que has cometido un grave error y el tiempo no corre a tu favor... No puedes estar tantos días fuera de Madrid dejando desatendidos a tus clientes...

No deberías demorar tu estancia mucho más. Es hora de volver a casa y necesitas cerrar este tema lo antes posible.

Decide qué hacer:

- Seguir buscando inversores hasta encontrar una oferta mejor. Pasa a la **página 16.**

- Volver a llamar a Blackpearl para decirles que estás a punto de aceptar la propuesta de otro inversor y que es su última oportunidad para mejorar su oferta. Pasa a la **página 51.**

Los meses siguientes los dedicaste a reunirte con múltiples inversores.

Sin embargo todos te ofertaron sumas más bajas. Y ninguno te ofreció garantía alguna sobre los puestos de trabajo.

Finalmente te decidiste a venderlo al que te ofrecía la suma mayor. Apenas te dio para pagar impuestos y liquidar la hipoteca.

Meses después te enteraste por la prensa de que el Columbus, el emblemático hotel de Chicago, había sido demolido.

En su lugar se iba a iniciar la construcción de un rascacielos de viviendas de lujo que generaría cuantiosos beneficios al fondo de inversión que lo compró.

FIN

Después de dar cuenta de un consistente sándwich de pollo crujiente con tomate, lechuga, pepinillos, mayonesa y mostaza de Dijon te sientes mucho mejor.

Ahora sí. ¡Dispuesto a coger el toro por los cuernos!

Revisas la libreta donde has anotado las tres cifras. Un 40 % menos que tu petición inicial te parece inaceptable.

Decide qué vas a hacer ahora:

- Llamar por teléfono a los de Blackpearl para informarles de que no puedes aceptar su oferta. Les das dos días para cambiar de opinión y, si en ese tiempo no te llaman, buscarás otros inversores. Mientras tanto puedes aprovechar para hacer algo de turismo y distraerte. Pasa a la **página 82.**

- Comprar un billete para volver a Madrid. Allí podrás reflexionar con calma sobre tus dudas de si vender o no a un precio más bajo. Tal vez los de Blackpearl se enteren de que te has ido y eso te podría ayudar en la negociación, pues pensarán que no tienes tanto interés en la venta. Pasa a la **página 105.**

Le dices al negociador de Blackpearl que te gustaría mantener una nueva reunión con ellos y le invitas a hacerla en el Columbus.

Esta vez negociaréis en tu terreno.

Quince minutos antes de la hora acordada te avisan desde recepción de que ya han llegado. Pides que les hagan esperar en un rincón tranquilo del restaurante mientras acabas de prepararte.

Muy puntual, te presentas ante los compradores intentando aparentar tranquilidad. Te reciben con una amplia sonrisa. Es la sonrisa del tiburón cuando está a punto de hincarte el diente, piensas.

En cuanto te sientas aparece Cris y os pregunta qué queréis tomar. Su sonrisa sí que es auténtica.

—Pues... aquella cerveza artesana de la degustación estaría bien. Muchas gracias, Cris.

Convocar la reunión en el Columbus ha sido una buena idea. Sientes que juegas en casa y eso te envalentona para encarar la reunión con más seguridad. Sacar a estos ejecutivos estirados de su ambiente te puede dar alguna ventaja. Y si no, al menos que se dignen a pisar el hotel que se quieren cargar.

Arrancas directo y al grano.

—Quiero decirles que quedé muy decepcionado en nuestra reunión anterior. Me sorprendió muy negativamente que formalizaran su oferta en un precio mucho más bajo del que inicialmente habíamos pactado. Esa cantidad es inaceptable.

Al escuchar esas palabras notas como la cara y las manos de los dos negociadores empiezan a tensarse, a la vez que se esfuerzan por no aparentar ninguna reacción.

Realmente te subestimaban. Estaban convencidos de que todo esto te iba grande y que ansiabas vender rápido y a cualquier precio para poder volver a casa.

Se hace un silencio que parece eterno, pero decides aguantarlo hasta que uno de ellos dice casi susurrando:

—Habla como si no quisiera vender, y le recuerdo que era usted el que insistía en poder cerrar rápido el acuerdo. Ningún otro inversor le va a mejorar nuestra oferta.

Cierto, esa era tu idea inicial, pero lo que estás viendo y aprendiendo en el Columbus está cambiando tu visión del negocio.

De hecho tienes muchísimas ganas de poder entenderlo mejor. Y sobre todo, quieres ver si eres capaz de ponerlo en práctica.

Quizás este sea el momento perfecto.

—Podría aceptar su oferta, siempre y cuando se garantice que Steven Ellis seguirá siendo el gerente del hotel, que no se despedirá a ninguno de los empleados del Columbus, y que además todos ellos verán incrementado su salario actual en un 15 %. Adicionalmente, yo retendría un 10 % de las acciones.

Los negociadores se miran entre ellos y empiezan a susurrarse al oído. Al cabo de unos segundos se pronuncian.

–Esta es una petición totalmente nueva. Nosotros no tenemos autorización para decidir al respecto. De todos modos debe entender que Blackpearl es propietario de muchos hoteles y todos cumplen unos mismos cánones bajo una gestión global. Obviamente la idea es que el Columbus se integre en nuestra cadena tras su completa remodelación. En todo caso, quizás podríamos hablar de que el personal se incorpore en la plantilla del grupo, adaptándose a las condiciones colectivas del resto de empleados.

–Por supuesto, entiendo que tendrán que consultarlo. No hay prisa. Estoy disfrutando de mi estancia en Chicago, así que pueden tomarse su tiempo. Podemos volver a vernos las veces que necesiten para seguir negociando el tema con tranquilidad.

Mientras pronuncias estas palabras haces el gesto de levantarte dando por finalizada la reunión.

–Por cierto, el hotel Columbus es su casa. Si desean quedarse a comer pediré que les reserven la mejor mesa del restaurante.

Declinan tu invitación. No has conseguido «colarles» este último ATV de la comida, pero valía la pena intentarlo; hubiera sido «de revolcón», jajá.

Pasa a la **página 83.**

En el restaurante Zig se interesa por el motivo de tu viaje. Te escucha atentamente sin intervenir.

De vez en cuando hace alguna pregunta, siempre mostrando verdadero interés y respeto. Parece que juzgaste mal a este hombre. Así que, casi sin darte cuenta, te sinceras completamente, explicándole todos los detalles de la oferta y las dudas que te habían surgido tras las explicaciones de Steven. Zig hace un largo silencio y te pregunta:

—¿Para qué quieres vender el hotel?

—Bueno, está claro: para conseguir dinero.

—Si quieres conseguir dinero, este pequeño hotel es una mina. Tu tío Henry era capaz de ganar con cuarenta y cinco habitaciones lo que otros hoteles no consiguen ganar con doscientas.

—Vaya, siendo un experto en ventas más bien esperaba que me dieras trucos y me aconsejaras cómo negociar un mejor precio... No sé... Alguna de esas estrategias para apretarles y darles la vuelta.

—Bueno, ya, mucha gente tiene una imagen distorsionada de los vendedores... En fin, precisamente porque me gustaría ayudarte y porque creo entender qué es lo que necesitas, permíteme aconsejarte. —Toma un trago, lo degusta y hace una buena pausa.

—Efectivamente, sí que tienes que vender. Pero no el Columbus, sino eeeeeen el Columbus.

Pasa a la **página 42.**

Te das cuenta de que hasta ahora casi no los habías mirado a la cara y te hubiera costado reconocerlos si te los hubieras cruzado por la calle. Su postura y sus gestos siguen siendo altivos y distantes, aunque hay algún cambio. Es la primera vez que ves a Thomas sin corbata y a Sandra sin tacones de aguja.

—He pensado que os gustaría probar el menú degustación del hotel con su maridaje. Estoy seguro de que os encantará. Si preferís otra cosa pido la carta.

—Está bien, Robert, gracias. El menú degustación es buena idea.

Reciben cada plato con expectación y las explicaciones de Cris amenizan la cena arrancando alguna sonrisa.

Llega el siguiente plato, el *shrimp de Jonghe*, algo parecido a unas gambas al ajillo en salsa de jerez, cuya receta original se creó hace más de un siglo y que en el Columbus se mantiene intacta.

A medida que las copas se van sucediendo, el ambiente se va destensando y la conversación es cada vez más fluida.

—Y decidme, ¿viajáis mucho por negocios? Lo digo porque vuestra compañía tiene hoteles por todo el mundo...

Cuando parecía que Sandra quería lanzarse a contestar, Thomas la interrumpe.

—Bueno, verás, a mí personalmente me encantaría. Me gusta viajar y lo he propuesto en varias ocasiones porque creo que es lo que garantizaría el crecimiento del negocio. Pero no he tenido la oportunidad por el momento, aunque estamos en pleno proceso de expansión y es muy probable que en breve tenga que ir a Asia.

—Sin duda Asia está en auge, ¿verdad? Ampliar el negocio allí parece muy interesante. ¿A ti no te gusta viajar por negocios, Sandra?

—Yo me ocupo de incrementar las ventas y la rentabilidad de los hoteles que tenemos aquí. La competencia cada vez es más feroz y mantener los niveles de ocupación es todo un reto...

Hace una pequeña pausa para terminar su vino y sigue.

—El presidente de Blackpearl suele poner como ejemplo a tu difunto tío Henry y los resultados del Columbus. Siempre ha tenido mucha admiración y curiosidad por entender cómo siendo tan pequeño tiene una ocupación tan alta y las mejores valoraciones. Muy por encima del resto... Jajajajá... Debe ser por el *shrimp*... Mmmm... está buenísimo, el mejor que he probado nunca.

—¿El presidente de vuestra compañía y mi tío Henry se conocían?

—Creo que sí. Hace algunos años ya intentaron comprar el Columbus, pero no sé muy bien por qué no cuajó el tema. Se dice que fue el presidente en persona quien despidió al director encargado de aquella negociación.

La reunión se convierte en una velada muy agradable y al final ellos mismos acaban fijando la fecha del siguiente encuentro para dentro de un par de días. Por supuesto, también en el Columbus.

Te vas a tu habitación pensando que tu primera impresión acerca de estos dos jóvenes no fue muy acertada. Realmente has disfrutado de la cena y de la charla. Esa noche duermes del tirón.

Te levantas animado y piensas que ya va siendo hora de hacer de turista un rato. Dar una vuelta por la ciudad quizás te ayude a avanzar en tu decisión.

Tu tarde en Chicago acaba viendo la puesta de sol desde el Navy Pier.

Cuando regresas al hotel ves a Zig en el bar hablando con los camareros y no puedes evitar acercarte. Parece que te estaba esperando y en cuanto os quedáis solos te pregunta por la venta.

—Pues verás, Zig, la cosa está muy parada. No sé si estoy avanzando al ritmo adecuado. Ayer los invité a cenar para limar asperezas. Pensaba que así iría mejor la negociación, pero en realidad nos liamos a hablar de otras cosas. Lo que pienso que hice bien fue acordar reunirnos varias veces esta semana.

—¿Y de qué hablasteis en la cena?

Zig te escucha con mucha atención, así que intentas reproducirle la conversación con detalle.

—¡Robeeeert! Lo hiciste geniaaaal. ¿Cómo puedes decir que no avanzaste? Has creado un vínculo de mayor confianza y has podido conocer algunas de sus necesidades. Como que quieren expandir el negocio, que buscan obtener mayor rentabilidad porque sus ventas y la ocupación están disminuyendo. Que les intriga por qué este hotel funciona tan bien.

»Y que el presidente de la compañía tiene un interés personal en la compra del Columbus. Son muuuuuuuuy buenas noticias. Sabiendo lo que necesitan puedes proponer soluciones y vender más.

»Ahora tienes mucha más información. Piensa: ¿qué necesita realmente tu cliente?, ¿qué necesita Blackpearl?

Realmente cada conversación con Zig acaba siendo una clase magistral. Piensas que ojalá a los abogados os formaran también en ventas. ¡Otro gallo os cantaría!

¿Cuál será tu siguiente paso?

• Ahora tienes más claro el interés del comprador. Si decides argumentar en base a sus necesidades específicas por qué les conviene aceptar tu propuesta, pasa a la **página 138**.

• Si decides darte más tiempo para pensar en una propuesta alternativa, pasa a la **página 94**.

Subes a la habitación con el estómago contento. ¡La comida del Columbus es realmente especial! «Tengo que acordarme de pasar luego por cocina para felicitar al chef», piensas mientras abres la puerta de tu habitación.

Te sientas a la mesa, frente a la ventana, y empiezas a cavilar sobre tu próxima propuesta a Blackpearl. No tienes mucha experiencia negociando y parece claro que se quieren aprovechar.

Abres la carpeta donde guardas toda la documentación del Columbus. Repasas de nuevo los estados contables, los saldos y créditos bancarios, los sueldos y salarios, la tasación que hicieron del edificio...

Te das cuenta de que, pese a toda esta amalgama de números y documentos, apenas sabes nada del Columbus, de su filosofía, de sus empleados, de si realmente tiene algo especial en comparación con otros hoteles competidores o no...

Te percatas de que tal vez te estás precipitando y que lo mejor en este momento sería recabar un poco más de información cualitativa del propio hotel antes de seguir negociando.

Decide tu siguiente paso:

- Darte un paseo hasta el hotel Le Cargol, el competidor más cercano, que se encuentra a solo dos manzanas del Columbus, y ver «qué se cuece por allí». Pasa a la **página 64.**

- Volver al bar y, con la excusa de tomarte el segundo café, buscar proactivamente conversación con alguno de los camareros, a ver de qué más te puedes enterar. Pasa a la **página 74.**

—Delicioso, ¿verdad? —dices dando el primer sorbo a tu *Bloody Mary* y animando con un gesto a Thomas y Sandra a que hagan lo propio—. En el Columbus tenemos contratado un mixólogo, que viene todas las tardes y prepara unos cócteles espectaculares.

—¿Mixólogo? —repite Thomas—, no conocía esa profesión...

—Es un experto en el arte de mezclar bebidas para crear cócteles únicos. Pocos lugares cuentan con estos profesionales, que van mucho más allá de un *bartender* —contestas sonriendo. Tú mismo no tenías ni idea de qué era la mixología hasta que Steven te lo explicó.

—En fin —prosigues—, os he pedido que vengáis porque me gustaría contaros las razones por las que es imprescindible asegurar los puestos de trabajo, con la mejora de condiciones que os pedí...

—Eso ya lo hablamos, Robert —interrumpe Sandra—; no podemos dar condiciones diferentes. Podría generar un potencial conflicto laboral.

—El personal del Columbus es diferente. Para ellos este hotel es un proyecto compartido. La filosofía de...

—Robert, perdona la brusquedad —vuelve a interrumpir Sandra—; no me gusta repetirme y tampoco perder el tiempo. Lo hemos consultado y la respuesta es no. No es negociable.

—Vamos, Sandra, todo es negociable. Es algo que he aprendido estos días: «Nunca digas no, simplemente pon el precio adecuado». Estoy dispuesto a daros alguna contrapartida si me garantizáis lo anterior. Decidme, ¿qué contrapartida queréis?

–Robert, no nos estás entendiendo... Thomas, mejor nos vamos...

Se levantan dispuestos a marcharse.

Decide qué hacer.

- Una nueva propuesta rebajando el precio de compra a cambio del mantenimiento de los puestos de trabajo y condiciones de los empleados. **Página 132.**

- Rogarles que se queden y presentarles a algunos de los *top* empleados, para que vean *in situ* su potencial. **Página 34.**

—Por favor —dices suplicante—, dadme unos minutos más. Me gustaría presentaros a alguien...

Tras unos segundos de vacilación, los negociadores se vuelven a sentar.

Te diriges a la otra punta del restaurante, donde Cris está tomando nota a unos comensales. El restaurante está a tope. No podrá dedicarte mucho tiempo, pero no quieres dejar pasar la ocasión para que los de Blackpearl vean la profesionalidad de tus empleados.

—Cris, perdona que te moleste. Necesitaría tu ayuda.

—¡Claro! ¡Lo que necesites! Lo que pasa es que ahora estamos desbordados. ¿Te puedo buscar luego?

—Solo serán unos minutos, Cris; es muy importante...

—OK entonces, Robert. Tú dirás.

—Necesito que busques a Steven. Os quiero presentar a unas personas...

—Pero... Steven debe estar a punto de irse... Si es que no se ha ido ya...

—Cuento contigo, Cris... —le dices mientras vuelves a tu mesa.

Pasan 15 minutos y los de Blackpearl comienzan a inquietarse... Justo en ese momento ves aparecer al fondo de la sala a Cris y a Steven, que caminan con paso acelerado, algo agitados.

–Perdona la tardanza, Robert –dice Steven–. Ya había salido para casa y he tenido que dar la vuelta con el coche.

Se sientan y los presentas. Les pides que les cuenten a Sandra y Thomas por qué este hotel es tan especial y diferente.

La cosa no sale bien.

Steven estaba muy inquieto, mirando constantemente el reloj. Cris tuvo que interrumpir su discurso varias veces ante los requerimientos de varios clientes del restaurante que reclamaban sus platos.

Al final de la velada te das cuenta de que no has conseguido que los de Blackpearl perciban lo especial de la filosofía y los empleados del Columbus. Más bien todo lo contrario. No era el contexto adecuado.

No deberías haber improvisado así.

Finalmente, como era de esperar, no aceptan tus condiciones.

Aunque buscas otros inversores, todos te ofrecen menos. Y ninguno acepta lo de los puestos de trabajo.

Tras varias semanas dando vueltas sin conseguir nada más, se lo vendes a Blackpearl, renunciando a tus pretensiones sobre los puestos de trabajo de los empleados.

FIN

Tras rechazar la oferta te diriges caminando al hotel. Cuando les dijiste «no aceptaré la venta por un centavo menos» creías que iban a recular rápidamente. Pero no lo hicieron. Tal vez deberías haber indagado más en sus motivaciones.

Pasa una semana. Nadie te llama. Comienzas a ponerte verdaderamente nervioso. Contactas con otros inversores para explicarles la gran ocasión que supondría la compra del Columbus. Sin embargo todos te ofrecen sumas a la baja.

Sospechas que se está corriendo la voz de tu ansia por vender y las cifras que manejas.

Concluyes que lo mejor será aceptar la oferta de Blackpearl, sin negociar más. Sin embargo, cuando les llamas te comunican que su oferta ahora es un 20 % menor.

No te queda otra que malvender, temiendo que si no lo haces puedas acabar en una situación peor.

FIN

–Que las oportunidades ¡hay que cazarlas al vuelo! Como decía Machado en uno de mis poemas preferidos:

Pregunté a la tarde de Abril que moría:

–¿Al fin la alegría se acerca a mi casa?

La tarde de Abril sonrió:

–La alegría pasó por tu puerta.

Y luego, sombría:

–Pasó por tu puerta. Dos veces no pasa.

–¡Qué poema más hermoso!, comentó el recepcionista con sincera emoción. En cuanto al significado del experimento es algo todavía mucho más profundo...

Pasa a la **página 89.**

Subes a la habitación para echar una breve cabezada.

Cuando estás a punto de tumbarte en la cama llaman a la puerta. Es Steven, el gerente del hotel.

—Hola Robert, perdona que te moleste. Verás, necesitaría hablar contigo urgentemente.

—Hola Steven, justo estaba en medio de algo, pero bueno si es urgente... Dime...

—Gracias. Lo mejor será que vaya al grano. Mira, Robert, esto no es fácil para mí. He decidido que me voy del Columbus.

—¿¿¿¿¿Cómo??????

—Desde hace semanas, con toda la incertidumbre de la venta todos estamos inquietos. No sabemos si el hotel seguirá activo o cerrará. Si se mantendrán los puestos de trabajo, o en qué condiciones... El caso es que la mayoría nos hemos puesto a buscar otras cosas... En mi caso he recibido una oferta de Le Cargol, ese hotel tan elegante situado a dos manzanas de aquí. Y, Robert, es tan buena que no la puedo rechazar. Tengo que pensar en mí y en mi familia...

Decide qué vas a hacer:

- Le pides a Steven que no se vaya y le explicas la condición que les has puesto a los de Blackpearl sobre el mantenimiento de los puestos de trabajo y el incremento de sueldo de los empleados. Pasa a la **página 130.**

- No puedes permitirte perder un empleado tan valioso como el gerente del hotel. Así que decides ir más allá, ofreciéndole, además del mantenimiento del puesto, un incremento de sueldo del 30 %. Pasa a la **página 61.**

Tras la respuesta tan definitiva de Elom se crea un largo silencio que nadie quiere interrumpir.

Intentas no mostrar tu alegría al pensar que te lo han puesto muy fácil. Ya no tienes que retirar tu anterior propuesta; ellos mismos la han descartado. Ahora puedes abrir nuevas opciones.

Mantienes un poco más ese silencio, hasta hacerlo tan incómodo que Thomas lo interrumpe añadiendo:

–Nos hubiera gustado poder acceder a lo que pedías para cerrar el trato. Hemos hecho lo que estaba en nuestras manos. Lo intentamos, en serio. Como te indicaba el señor presidente, hemos revisado los números desde todas las perspectivas posibles, y esta es sin duda la oferta más generosa que podemos hacer por el hotel.

–Muchas gracias por vuestra implicación. Lo entiendo perfectamente.

Por unos instantes se quedan desconcertados. No saben muy bien si vas a aceptar su oferta, si la vas a rechazar o si simplemente estás tan derrotado que no sabes qué decir.

Te quedas mirando la botella de vino. La acercas para poder leer bien su etiqueta.

–Déjame que te haga una pregunta, Elom. En tus hoteles, ¿cuántos de tus camareros son capaces de vender el vino de dos en dos cajas?

Permanece mirándote expectante, mientras sigues examinando la botella en tus manos.

—Comprar el edificio del Columbus sería como comprar esta botella sin el vino que lleva dentro. En realidad estarías malgastando tu dinero. Tu compañía puede conseguir mucho más. Y a mí lo que realmente me apetece venderte no es una botella vacía, sino el vino único que contiene.

Se hace de nuevo el silencio. Parece que has captado definitivamente la atención del presidente de Blackpearl.

—Soy todo oídos.

Pasa a la **página 103.**

Durante la comida, Zig se interesa por el motivo de tu viaje. Te escucha atentamente sin intervenir. De vez en cuando hace alguna pregunta, siempre mostrando verdadero interés y respeto. Parece que juzgaste mal a este hombre. Así que, casi sin darte cuenta, te sinceras completamente, explicándole todos los detalles de la oferta y las dudas que te habían surgido tras las explicaciones de Steven.

Zig hace un largo silencio y te pregunta:

–¿Para qué quieres vender el hotel?

–Bueno, está claro: para conseguir dinero.

–Si quieres conseguir dinero, este pequeño hotel es una mina. Tu tío Henry era capaz de ganar con cuarenta y cinco habitaciones lo que otros hoteles no consiguen ganar con doscieeeentas.

–Vaya, siendo un experto en ventas más bien esperaba que me dieras trucos y me aconsejaras cómo negociar un mejor precio... No sé... Alguna de esas estrategias para apretarles y darles la vuelta.

–Bueno, ya, mucha gente tiene una imagen distorsionada de los vendedores... En fin, precisamente porque me gustaría ayudarte y porque creo entender qué es lo que necesitas, permíteme aconsejarte. –Toma un trago, lo degusta y hace una buena pausa.

–Efectivamente, sí que tienes que vender. Pero no el Columbus, sino eeeeeen el Columbus.

41

—Yo vendiendo en el hotel, ¡jajajajá!; no sabría ni por dónde empezar.

—¿Recuerdas hace un momento cuando has entrado y el recepcionista enseguida te ha ofrecido la degustación de cerveza en el bar?

—Sí, lo recuerdo...

—¿Y cuando estábamos en la barra y la camarera se ha acercado para decirnos que había una buena mesa libre y nos ha ofrecido la carta del restaurante?

—Sí, claro.

—Piensa, ¿qué estaban haciendo? El recepcionista ha intuido que sería una buena propuesta. Así ha logrado situarte en el bar, una zona «caliente» del hotel desde un punto de vista comerciaaaaaal. —Compruebas que un tic llamativo de Zig es que le gusta alargar algunas vocales, como dándoles énfasis. Está claro que le encanta ser didáctico.

—Por otro lado, la camarera no se ha limitado a servirnos la bebida; ha visto que era hora de comer, que estábamos teniendo una charla agradable y que estaríamos más cómodos en el restaurante. Así que nos ha propuesto una buena mesa y nos ha dejado la carta.

»Los dos han hecho buenas propuestas y en consecuencia, iiihan vendidoooooooo!!! iiiAsí nos lo enseñó el viejo Henry!!!:

**Aquí todos PROPONEMOS,
porque para vender hace falta proponer.**

Toma otro trago bien largo y, señalándote con el dedo, te suelta un:

—Ahora ya sabes por donde empezaaaaaaar... ¡Jajá!

Pasa a la **página siguiente.**

Tras los postres, Zig se despide diciéndote que necesita descansar un rato antes de la conferencia que ha de dar esta tarde.

A ti una siesta también te iría bien, pero te gustaría empezar a preparar tu próxima reunión con Blackpearl. Necesitas tener las cosas claras antes de que se agote el corto plazo que les pediste. A lo tonto has perdido más de dos horas con Zig. Tal vez deberías haber quedado con él otro día.

Mientras piensas eso cruzas una mirada con la simpática camarera que os ha estado atendiendo durante toda la comida.

Decide qué vas a hacer:

- Si decides entablar conversación con la camarera, pasa a la **página 68**. Al fin y al cabo es tu empleada y quizás deberías conocerla.

- Si prefieres marcharte a tu habitación para preparar con tiempo tu estrategia de respuesta a Blackpearl, pasa a la **página 31**.

Tu llamada a Blackpearl no está siendo tan amigable como te hubiera gustado y percibes cierta tensión y algún silencio incómodo al otro lado.

–Quizás no te pillo en buen momento, Susan. ¿Prefieres que te llame más tarde?

–Mi nombre es Sandra. Y el compañero con el que también has hablado en varias ocasiones se llama Thomas, por si te lo quieres apuntar.

–Sí, claro, disculpa.

En estos momentos las palabras de Steven te dan de lleno en los morros: «Interés genuino», «entender las necesidades del cliente...».

–Mira, Sandra, te propongo una cosa. Quizás no hemos empezado demasiado bien. Para mí todo esto es complicado y necesitaría que pudiéramos conocernos más y tratar el tema con calma. Así que me gustaría invitaros a cenar en el Columbus esta noche y que pudiéramos mantener allí algunas reuniones periódicas mientras dure la negociación. ¿Qué te parece?

Tras consultarlo internamente acaban aceptando a regañadientes. No es su forma habitual de trabajar y no quieren «perder el tiempo». Sin embargo parecen estar muy interesados en esta operación.

Esta vez los esperas en la recepción del hotel y tú mismo los acompañas a la mesa. De inmediato Cris aparece bandeja en mano con tres *Bloody Marys* que os sirve mientras pronuncia cada uno de vuestros nombres, lo que provoca una pequeña sonrisa en Sandra.

Decide cuáles serán tus próximas palabras:

- Explicarles mejor la contraoferta que les hiciste, para que así entiendan por qué pediste las mejoras en las condiciones laborales del personal del Columbus. Pasa a la **página 32.**

- Simplemente dejar fluir la conversación. Pasa a la **página 27.**

Tu experiencia con Cris te ha dado mucho que pensar. Te sale humo de la cabeza. Decides salir a dar un paseo por Millennium Park para ver si se aclaran tus ideas.

Cuando regresas al hotel está anocheciendo. Michael, el recepcionista, ataviado con su uniforme azul, te saluda por tu nombre y muy amablemente te pregunta qué tal ha ido la tarde y cómo te encuentras.

–Todo muy bien, gracias, aunque un poco contracturado, la verdad. En fin, a ver si esta noche puedo dormir del tirón.

–Si lo desea colaboramos con unos excelentes fisioterapeutas que pueden desplazarse al hotel sin cargarle el coste de desplazamiento, que corre de nuestra cuenta.

«Claro... ¡Jajajá! No podía ser de otra manera» piensas.

–Muchas gracias, pues... ¡Qué demonios! ¡De acuerdo! Si pudieras concertarme una hora para antes de la cena sería perfecto.

Pasa a la **página siguiente.**

—Por supuesto, señor.

Mientras toma nota, no puedes evitar lanzarle un:

—Vaya con lo de «Aquí todos vendemos»... Realmente os lo tomáis bien en serio... ¿eh? ¡¡Jajá!!

—Sí señor, así es. El señor Henry nos lo enseñó muy bien... Si yo le contara...

—Dispara, dispara...

El recepcionista deja de escribir y mira hacia los lados como queriendo asegurarse de que no haya nadie que pueda oírle.

—Pues mire, resulta que hace años se trajo un día a su amigo íntimo el señor Zig y nos reunió a todos los empleados en la sala de conferencias. «Vamos a hacer un experimento», nos dijo.

»Entonces nos pidió que extendiéramos la mano. El señor Zig sacó un fajo de billetes de veinte dólares y fue colocando uno a uno en la mano de cada empleado.

»Entonces se puso a contar lentamente en voz alta hasta diez. Cuando terminó fue recogiendo los billetes. Todos nos mirábamos desconcertados porque no entendíamos de qué iba aquello.

»'Ahora viene la segunda parte del experimento –dijo–, volved a extender la mano'.

»Y se sacó otro fajo de billetes, pero ahora de cinco dólares. Colocó un billete en la mano de cada uno y volvió a contar hasta diez.

»Cuando fue a recogerlos, varias personas un poco más pillas se habían quedado con el billete y le mostraron la mano vacía. Él simplemente dejó que se lo quedaran.

»'Vamos a terminar el experimento' –dijo.

»Y ahora empezó a repartir billetes de un dólar.

»Contó hasta diez y cuando fue a recogerlos todos nos los habíamos guardado en el bolsillo y le mostramos la mano vacía.

»'¿Qué habéis aprendido?' –dijo.

»'Que la próxima vez que me ponga un billete de veinte pavos en la mano me lo voy a quedar, ¡¡jajá!!', dijo Theophilus, el de mantenimiento.

»'Sí, así es, claro que sí, ¡¡¡jajá!!! ¿Y por qué creéis que hemos hecho este ejercicio?'.

»'¿Qué creéis que significa?'.

• Si crees que el aprendizaje es que las oportunidades hay que cazarlas al vuelo, pasa a la **página 37.**

• Si crees que el aprendizaje es otro, pasa a la **página 89.**

Sandra y Thomas se vuelven a levantar. Esta vez sí, dispuestos a marcharse.

—Ahora nos vamos —dice Sandra—. Te llamaremos con lo que sea.

Al día siguiente te llama Thomas. Te dice que no pueden manejar lo de los empleados. También te dice que, visto que estás en condiciones de rebajar el precio, su oferta ahora es un 15 % más baja. Te dan una semana para aceptar o rechazar. Deben cerrar el tema antes de la próxima Junta de accionistas, que es en dos semanas.

Se han aprovechado de tu buena fe. Les dices que no, muy ofendido.

En los días siguientes buscas otros inversores. Todos ofrecen sumas más bajas. Nadie acepta, tampoco, lo de los puestos de trabajo.

Finalmente, a punto de agotarse el plazo, llamas a Thomas para decirle, alicaído, que aceptas su última oferta.

FIN

Te pones en contacto con Blackpearl con la esperanza de meterles un poco de presión para que vuelvan a su oferta inicial.

Total, siempre estás a tiempo de aceptar la oferta de un 30 % menos, sobre todo teniendo en cuenta que el resto de inversores te están ofreciendo sumas por debajo.

Marcas el móvil de la chica de Blackpearl, que te responde al segundo tono.

–¿Sí, dígame?

–Hola, soy Robert Kelly, el heredero del Columbus. ¿Cómo estás?

–Bien, Robert, a punto de entrar en una reunión. ¿Es algo rápido?

–Ummm.. Bueno, sí... Llamaba para preguntaros si habíais reconsiderado vuestra oferta. Tengo a un par de inversores interesados y estoy a punto de formalizar la venta... En deferencia a vosotros he pensado llamaros por si habíais reflexionado y decidís mantener la oferta inicial. Si es así estoy dispuesto a daros prioridad; al fin y al cabo, fuisteis los primeros...

–No, Robert, la verdad es que ahora mismo tenemos otras preocupaciones. Ya te dijimos que no podíamos llegar más allá. Como no aceptaste ya hemos invertido ese dinero en otro activo. En fin, te tengo que dejar; la reunión está a punto de empezar...

Cuelgas el teléfono sin poder creer lo que acaba de pasar. Al final tendrás que conformarte, sí o sí, con la oferta más baja del otro inversor, y te fastidia bastante. Ya habías hecho planes para saldar todas tus deudas con el dinero de Blackpearl.

Tienes la sensación de que se te ha escapado algo. Tal vez deberías haberle dedicado esos minutos a Steven, cuando al día siguiente de tu llegada se ofreció a explicarte el sentido de la extraña carta de tu difunto tío Henry...

En fin... A lo hecho, pecho. Está claro que tus dotes de negociador tienen áreas de mejora... Decides que cuando vuelvas a Madrid te apuntarás a un curso para desarrollar tus habilidades comerciales.

FIN

Te diriges al ascensor para subir a reflexionar sobre tus próximos pasos con Blackpearl. ¿Serás capaz de aplicar algo de lo aprendido con Zig y con Cris?

«Para vender hace falta PROPONER».

«Toda PETICIÓN de un cliente es una oportunidad para VENDER y toda concesión será a cambio de una CONTRAPARTIDA».

«NUNCA le decimos que NO a un cliente. Simplemente ponemos el PRECIO adecuado».

Cuando las puertas del ascensor se abren entran contigo dos caballeros elegantemente vestidos con corbata y sombrero. Te saludan cordialmente.

Mientras subís, no puedes evitar escuchar su conversación. Están comentando que vienen a visitar a un amigo que se aloja en el hotel y que se encuentra indispuesto.

Pasa a la **página 115.**

Estás decidido a hacer tu primer ATV. A ver qué pasa.

Le pides a Martina que le diga muy amablemente que con mucho gusto le haremos la gestión y que los honorarios son de 300 €.

Acabas la conversación prometiéndole a tu hija que ahora mismo hablarás con Laura.

En realidad no te apetece nada tener esa conversación y decides hacerlo mañana.

Estirado en la cama intentas coger el sueño, pero tus pensamientos se amontonan y te empiezas a agobiar.

Sabes que posponer la llamada a Laura empeorará las cosas, pero quizás es lo que buscas.

En estos momentos simplemente prefieres dejar volar tu imaginación pensando en tu dulce camarera. Por qué será que habitualmente parece más fácil empezar algo que acabarlo...

Tus relaciones de pareja siempre han sido complicadas, sobre todo para ellas. Desde que te separaste de Celia, la madre de Martina, fuiste de mal en peor hasta que hace unos años conociste a Laura y puso algo de estabilidad sentimental en tu vida.

Ha sido la relación más larga que has tenido desde tu divorcio y todo fue sorprendentemente bien durante los primeros años.

Pero últimamente los desencuentros son constantes y solo habláis para intercambiar horarios de salida y entrada en casa.

Habéis dejado de compartir intereses casi sin daros cuenta y cada vez que habéis intentado afrontar la situación solo aparecen reproches, gritos y llantos, y el conflicto va empeorando.

Exactamente lo mismo que te pasó con tu exmujer y con el resto de tus exs.

La historia acaba repitiéndose cada vez, pero con distintas caras.

Está claro que hoy no vas a poder dormir...

Te despierta el teléfono. Descuelgas mientras miras el reloj. ¡Ostras! ¡La una del mediodía! Maldito *jetlag*...

—¿Sí? ¿Ho... hola?

—Papá, vaya marrón con lo de Óscar Torres...

—¿Por qué?

—Verás, el tipo se ha molestado mucho por quererle cobrar. Me ha dicho que estas consultas siempre se las haces sin cobrarle nada y que con el dineral que le facturas no imaginaba que le podrías pedir dinero por esta gestión porque, según él, es algo muy fácil que no te cuesta nada hacer. No sabía qué decirle, así que le dije que lo hablaría contigo.

Decide qué vas a hacer:

- Pedirle a Martina que le llame y le diga que no se preocupe, que lo revisarás y le dirás algo. Está claro que te has equivocado en algo al aplicar ATV. Óscar es uno de tus mejores clientes y no puedes perderlo. Podrías aprovechar después del desayuno para revisar el contrato con tu portátil. Pasa a la **página 57.**

- Mantenerte en tus trece y pedirle a Martina que le explique al Sr. Torres el motivo por el cual necesitas cobrarle esas gestiones. Solo si el cliente se resiste mucho te plantearías hacerle la gestión gratis. Pasa a la **página 120.**

–Entiendo, Martina. Vamos a hacer una cosa. Mira, vuelves a llamarle y le dices que efectivamente lo has hablado conmigo. Le explicas que, aunque en este momento me encuentro fuera de España, que no se preocupe. Durante el día de hoy revisaré su contrato y le enviaré un *mail* con lo que sea.

No te va nada bien ponerte ahora con eso, pero Óscar es uno de tus principales clientes. No le puedes perder.

El contrato es muy denso. Lo que creías que te llevaría media hora acaban siendo tres. Terminas agotado, sin haber dedicado un solo minuto del día a pensar en tu estrategia con Blackpearl. Pero pese a todo cumples y le envías un *mail* detallado con tus comentarios.

Dos días después recibes una llamada del Sr. Torres.

–Hola, Robert, ¿cómo va todo? Oye, necesito otro pequeño favor.

–Sí claro, Óscar, puedes contar conmigo para lo que necesites.

–Necesitaría que echaras un vistazo al contrato que voy a firmar con Construcciones Muñoz para un nuevo edificio. Te lo paso ahora por *mail*. Ya sé que estos días estás en Chicago, pero seguro que no te lleva mucho tiempo y a mí me corre mucha prisa. ¿Me podrías decir algo hoy mismo?

No quieres que el Sr. Torres vuelva a molestarse, como pasó el otro día. A los clientes importantes hay que cuidarlos. Así que le dices que, por supuesto, le darás máxima prioridad.

En los días siguientes el Sr. Torres no para de llamar con nuevas peticiones y favores, que siempre te llevan mucho más tiempo del que pensabas. Como no le quieres defraudar le dices que sí a todo.

Pese a ello te da la sensación de que no valora en absoluto tus esfuerzos. Y eso que no le estás cobrando.

Últimamente ni te da las gracias.

Y lo peor: tienes que cancelar varias veces seguidas tus citas con Blackpearl, porque no das abasto.

Al cabo de una semana los de Blackpearl te comunican por *mail* que ya no están interesados. Han invertido su dinero en otro activo.

Pese a que buscas otros inversores, todos ofrecen sumas más bajas. No te queda más remedio que vender el Columbus por un importe menor.

FIN

Coges el teléfono dispuesto a hacerte valer de una vez por todas delante de los estirados de Blackpearl.

—Sí, ¿dígame?

—Hola, soy Thomas de Blackpearl. Te llamaba para ver si habías tomado una decisión sobre nuestra última propuesta.

—¿Te refieres a la propuesta un 30 % más baja que la que habíamos acordado?

—Bueno, Robert, no lo digas así... En realidad no habíamos acordado nada... Ya te dijimos que...

—Mira, Thomas, voy a serte sincero. Me siento engañado. Cuando hablamos por videoconferencia desde Madrid quedamos en una cifra y al llegar aquí la cifra mágicamente ha menguado...

—No es exactamente así, Robert...

—Me estáis haciendo perder el tiempo y mi tiempo vale dinero. He tenido que coger un vuelo de más de 8 horas, dejar mi negocio desatendido, tengo clientes que se están quejando...

—Nunca habíamos cerrado ninguna cifra. Nosotros seguimos interesados, pero no podemos asumir lo que pides. Por un lado, no tenemos pulmón financiero. Los resultados del último *quarter* no han sido nada buenos. Por otro lado hemos hecho un estudio comparativo y nuestra oferta está en precio de mercado, incluso ligeramente por encima. Robert, nadie va a pagar más. Puedes vender ahora a un buen precio o eternizarte buscando otros inversores que, te aseguro, te van a ofrecer menos.

Decide qué hacer.

- Ratificarte en que no venderás por menos. Te han confesado que tienen mucho interés en comprar y estás convencido de que acabarán aceptando. Pasa a la **página 126.**

- Pedirles un par de días para pensar. Mientras tanto aprovecharás para buscar información y preparar una buena argumentación con muchos más datos para defender tu petición y desmontar así las objeciones de Thomas. Pasa a la **página 128.**

—Pero Steven, ¡no puedes aceptar! Te necesito más que nunca. Estoy a punto de cerrar unas condiciones muy buenas con Blackpearl. Entre ellas, el mantenimiento de los puestos de trabajo, con una mejora salarial ¡del 15 %! Mira, si te quedas estoy dispuesto a ofrecerte una mejora del 30 %, justificada por la importancia de tu rol como gerente. ¿Qué me dices?

—Pero Robert, ¿realmente estás en condiciones de garantizarlo?

—Por supuesto, Steven. De otro modo no te lo diría.

Los días pasan y la negociación continúa. Sin embargo, lo del incremento salarial se encalla por completo. Los de Blackpearl tienen una política de condiciones colectivas. No van a hacer excepciones, y te lo dejan bien claro.

Avergonzado, no sabes cómo manejar esta situación. No solo Steven renunció a la oferta en Le Cargol, sino que además todos los empleados saben ya lo de la mejora del 15 % que les contó Steven. Cada vez que se encuentran contigo por el hotel te abrazan y te dan las gracias con efusividad. Y tú no sabes dónde meterte.

Te sientes fatal. Por ser un bocazas. Por tirarte a la piscina con una promesa que no puedes cumplir. Tu intención era buena, pero, como decía tu abuela, «el camino al infierno está pavimentado con buenas intenciones»... No te ves capaz de dar la cara y contarles a Steven y al resto la verdad. Cada vez que ves de lejos a Cris te escondes detrás de una esquina.

Finalmente te das cuenta de que no puedes seguir así y decides zanjar de una vez por todas la situación.

Así que cierras la venta con Blackpearl, aceptando todas sus condiciones.

Ese mismo día compras un billete para Madrid. Y te das a la fuga. Sin despedirte. Incluso dejas todas tus pertenencias en la habitación. No querías que nadie sospechara de tu «huida» y así no tener que dar explicaciones.

Sientes que no has hecho lo correcto y sabes que, como te explicó tu maestro de yoga, Sri Narenda Chandra, algún día te llegará el *karma*. Nadie puede escapar de las consecuencias de sus actos. Todo volverá multiplicado.

FIN

Tras una intensa y agónica búsqueda que se prolonga varias semanas, lo máximo que consigues es una oferta un 40 % inferior a la que te ofrecía Blackpearl.

El hecho de que cada vez que contactas con un nuevo inversor el precio que te ofrecen sea más bajo te hace sospechar que en el mundillo de los hoteles se está corriendo la voz de tu ansia por vender. Y también de las cifras que andas manejando.

No te queda más remedio que cerrar el trato a la baja, porque de otro modo temes que podrías acabar en una situación peor.

Bueno, «a caballo regalado»... piensas, mientras saboreas una cerveza helada en uno de los bares de la terminal de salidas del aeropuerto de O´Hare, esperando el vuelo que te llevará de vuelta a Madrid... «Va por ti, tío Henry».

Vuelves a casa con la sensación de que has fallado en algo. Y también de que se han aprovechado de ti. Lo cierto es que te sientes bastante frustrado. Y eso no te gusta nada.

Pero en fin... así son los negocios.

Unas veces se gana y otras...

FIN

Le Cargol es un hotel de esos «con encanto», situado en una casa victoriana de finales del XIX al final de la misma calle donde se encuentra el Columbus.

Construido en piedra y madera, su hermoso color rosa pastel, ribeteado en blanco, destaca sobre el resto de edificios de la calle. Con su fachada asimétrica, sus puntiagudas torres y sus coloridas vidrieras, Le Cargol parece sacado de un cuento de hadas.

Fascinado con la arquitectura del edificio te preguntas cómo alguien puede decidir alojarse en el Columbus teniendo a pocos metros una maravilla así.

Atraviesas la puerta y te deleitas con el interior, aún más impresionante que el exterior. Techos altísimos, paredes decoradas con relieves de color azul cielo, brillantes lámparas de araña, espejos dorados y, por todas partes, muchas, muchas flores.

En la recepción te presentas como el propietario del Columbus. En seguida te recibe Michael Kern, el dueño, un atlético sexagenario de cabello blanco, expresión afable e inteligentes ojos azules. Te invita a un té con pastas en la cafetería del hotel.

La conversación fluye y cogéis confianza rápidamente. Le hablas de tus intenciones de venta y él mismo te confiesa que lleva años queriendo jubilarse y que justo ayer ha puesto a la venta Le Cargol.

—¡Qué casualidad! —exclamas—. No puedes evitar preguntarle el precio y la cifra que te dice te deja sin habla. ¡Es mucho más baja que lo que te ofrecía Blackpearl! ¡En cuanto se enteren de que Le Cargol se vende por este precio van a rebajar aún más su oferta! Ya no tienes dudas. Debes cerrar el acuerdo cuanto antes.

Te despides con prisa del Sr. Kern y coges un taxi directo a las oficinas de Blackpearl en The Loop.

Tras insistir en recepción para que te reciban los negociadores, les dices, sin más rodeos, que aceptas su oferta.

Ellos se miran intrigados y en voz baja intercambian unas palabras ininteligibles para ti.

Después te hacen saber que su oferta ahora es un 20 % inferior.

«¡Maldita sea!», piensas, pero aceptas igualmente. No quieres arriesgarte a que la vuelvan a bajar.

En el avión, camino de Madrid, te preguntas si podías haber sacado más. Te das cuenta de que tal vez te precipitaste, dejándote llevar por el miedo y el ansia de vender.

Tal vez había algún motivo que explicara el bajo precio de Le Cargol... No sé, igual esa casa tan antigua en realidad estaba en ruinas y se estaba cayendo. Tal vez requería de unos costes altísimos de mantenimiento... O cualquier otra cosa... Vete a saber...

Tampoco llegaste a conocer en profundidad el Columbus o a su personal...

Si aquel hombrecillo tan peculiar, el tal Zig, lo definió como «mi hogar en Chicago», por algo debía de ser, ¿no crees?

FIN

De vuelta al hotel no puedes dejar de pensar en la jugada de la oferta a la baja de los inversores... ¡Qué cabrones!

Al entrar al hotel, el recepcionista te saluda por tu nombre y te indica amablemente que en el bar están sirviendo gratuitamente una degustación de cerveza artesana, típica de Chicago. Con el agobio que llevas te parece una propuesta muy seductora. Total, será un momento. Entras en el bar con decisión, directo a la barra, y te haces con tu cerveza.

—Una cerveza excelente, ¿verdad?

—Sí, un buen detalle del hotel. Y muy oportuno.

—Cierto... En este hotel cuidan mucho los detalles...

—Te has alojado aquí antes por lo que veo...

—Efectivamente. Soy cliente desde hace... ¡siiiiglos! El Columbus es mi casa cada vez que vengo a Chicago.

»Perdona, no me he presentado. Me llamo Hillary, Hillary Hinton, pero mis amigos me llaman Zig.

—Encantado, Zig. Soy Robert, Robert Kelly.

—Un gusto, Robert. —Apretón de manos. «El tipo está fuerte», piensas.

—Como te decía, considero el Columbus mi hogar en Chicago. Me alojo aquí cada vez que vengo a dar uno de mis seminarios de motivación y ventas.

—¿Te dedicas a las ventas? Qué casualidad, el motivo de mi viaje tiene algo que ver con eso, aunque creo que el tema se me está complicando.

En ese momento la camarera se acerca a la barra y os dice que en el restaurante ha quedado libre una de las mejores mesas al lado del ventanal. Os ofrece la carta por si decidís comer allí.

Zig apura su cerveza con un sonoro sorbo y te propone seguir la charla en el restaurante.

Decide qué hacer ahora:

- Librarte de este personaje con educación. En el corto rato que has estado con él has observado que ya se ha tomado tres cervezas. Y no parece que vaya a detenerse. Mejor te retiras a descansar para después poder pensar en los próximos pasos con Blackpearl con la cabeza despejada. Declinas amablemente y lo emplazas para otro día. **Página 133.**

- Aceptar su propuesta para comer y postponer tu descanso para más adelante. **Página 41.**

Cuando la camarera pelirroja se acerca sonriente a recoger tu mesa, le lanzas un:

—Muchas gracias. Permíteme una pregunta: ¿llevas mucho tiempo trabajando en este hotel?

—Cuatro años, señor.

—Puedes tutearme, por favor. Entonces conociste a Henry, el dueño del Columbus. Era mi tío. Mi nombre es Robert, Robert Kelly.

—Encantada, me llamo Cris. Por supuesto que conocí a Henry. Era un hombre muy querido y un excelente jefe. Aprendimos mucho de él. Todos le echamos mucho de menos. No sabía que eras de la familia. Te acompaño en el sentimiento.

—Gracias. En realidad no llegué a conocerlo. Ha sido toda una sorpresa, pero es una larga historia... Llevo aquí solo un par de días y todavía no he tenido tiempo de visitar la ciudad. Quizás podrías recomendarme o mostrarme algún lugar de esos imprescindibles.

—Por supuesto, Chicago es una ciudad maravillosa. En recepción te pueden pedir un guía turístico oficial de la ciudad —señalando con el dedo hacia la entrada—. Son muy buenos porque conocen muy bien el legado histórico y arquitectónico de Chicago. ¡Vale mucho la pena! ¿Quieres qué les pida yo misma que te busquen uno?

La camarera, sonriendo, sigue con su trabajo, haciendo evidente que la conversación ha terminado.

Ha sido la finta más elegante que te han hecho en toda tu vida. Tanto es así que esa manera de esquivarte te huele a una especie de técnica del tío Henry.

Te pica tanto la curiosidad que no puedes evitar preguntar:

—Perdona, Cris, no quiero parecer un pesado, pero ahora mismo siento que acabas de aplicar conmigo alguna técnica de estas de «Aquí todos vendemos» del tío Henry. ¿Es así?

—¡Jajá! A pesar de llevar poco tiempo aquí, veo que vas pillando rápido por dónde van los tiros, jajajajajá. —Se te queda mirando como dubitativa y entonces deja los trastos sobre una mesa y te cuenta con una sonrisa en la boca:

—La cuarta regla de ATV es...

—Perdona, ¿ATV?

—Sí, ATV son las siglas de «Aquí todos vendemos».

—¡Ah! Claro, claro...

—La cuarta regla de ATV es:

Toda PETICIÓN de un cliente es una oportunidad para VENDER y toda concesión será a cambio de una CONTRAPARTIDA

Cuando sigues esta regla, no te imaginas la cantidad de ventas que llegas a hacer en situaciones en las que antes, además de no vender nada, el cliente se quedaba frustrado.

Decide qué hacer ahora:

- Seguir conversando con ella. Pasa a la **página 71.**

- Subir a la habitación para pensar cómo aplicar esta regla a tu negociación con Blackpearl. Pasa a la **página 86.**

–Ah, entiendo... entiendo... Pero, ¿y si el cliente te pide algo excesivo?

–Bueno, si se excede en lo personal se ganará un buen tortazo, ¡¡jajá!!

–Jajá, ya me imagino, ya... Me refería a si os pide algo que no tiene el hotel, o no es uno de sus servicios... o si se quiere aprovechar un poco... No sé... Imagina que te dice que quiere quedarse con las toallas y los albornoces como recuerdo de su estancia en el hotel.

–Pues entonces aplicaría la siguiente regla de ATV, que es la quinta. ¿Cómo te la explico...? Sí, mira, recuerdo que una vez recibimos a un eminente congresista árabe. Entonces el hombre nos dice que toda su comida tiene que ser *halal*, ya sabes, preparada de acuerdo con la ley islámica. La primera reacción que te sale del cuerpo es decirle que lo lamentas mucho pero que no dispones de ese servicio. Pero la verdad es que me parecía una faena para el pobre hombre. Así que le dije que no había problema y que podíamos traer al hotel a un cocinero *halal*, pero que era un servicio *premium* que no estaba incluido en su tarifa.

»Y resulta que el tipo va y me pregunta que cuánto cuesta.

»Entonces hice un cálculo mental rápido. Dos días de cocinero de urgencia al que sacas de su trabajo habitual, más el trabajo de encontrarlo y ficharlo, multiplicado por dos para no pillarme los dedos... Le dije que alrededor de mil dólares pero que ya se lo confirmaría.

»El cliente se quedó unos segundos pensativo, dudando. Pero de golpe se le iluminó la cara y, sorprendentemente, me dijo que adelante, que le parecía muy bien.

»Al final le dimos el servicio por novecientos pavos, de los cuales nosotros nos llevamos un buen porcentaje por las gestiones.

»El hombre quedó encantado y ahora además, ya sabemos cómo manejarlo si nos vuelve a pasar. Es genial, ¿no te parece? Por eso la quinta regla de ATV dice:

NUNCA decimos que NO a un cliente.
Simplemente ponemos
el PRECIO adecuado.

—¡¡Uauh!!... Ahora voy entendiendo muchas cosas... —le dices.

—¡Jajá! Claro que sí. ¡Hala! Y ahora me voy, que quiero seguir vendiendo por aquí, ¡¡jajá!!

—¡¡Jajá!! Hasta luego, Cris, y ¡gracias por las explicaciones!

—No hay de qué, Robert.

Mientras ves cómo se aleja te das cuenta de que la combinación Cris + ATV te ha dejado enamorado... ¡Qué peligro! ¡Qué peligro!...

Decide qué hacer ahora:

- Retirarte para ponerte a pensar con calma cuál será tu contrapropuesta para Blackpearl, aplicando todo lo que has aprendido. Pasa a la **página 53**.

- Despejarte un poco y luego seguir hablando con otros empleados del Columbus. Pasa a la **página 47**.

Bajas al bar y te sientas en la barra. Allí te encuentras con la simpática camarera pelirroja que os atendió antes. Está secando unas copas. Le pides un *doppio espresso*. Cuando se acerca con la taza le lanzas un:

—Muchas gracias. Permíteme una pregunta: ¿llevas mucho tiempo trabajando en este hotel?

—Cuatro años, señor.

—Puedes tutearme, por favor. Entonces conociste a Henry, el dueño del Columbus. Era mi tío. Mi nombre es Robert, Robert Kelly.

—Encantada, me llamo Cris. Por supuesto que conocí a Henry. Era un hombre muy querido y un excelente jefe. Aprendimos mucho de él. Todos le echamos mucho de menos. No sabía que eras de la familia. Te acompaño en el sentimiento.

—Gracias. En realidad no llegué a conocerlo. Ha sido toda una sorpresa, pero es una larga historia... Llevo aquí solo un par de días y todavía no he tenido tiempo de visitar la ciudad. Quizás podrías recomendarme o mostrarme algún lugar de esos imprescindibles.

—Por supuesto, Chicago es una ciudad maravillosa. En recepción te pueden pedir un guía turístico oficial de la ciudad —exclamó, señalando con el dedo hacia la entrada—. Son muy buenos porque conocen muy bien el legado histórico y arquitectónico de Chicago. ¡Vale mucho la pena! ¿Quieres qué les pida yo que te busquen uno?

La camarera, sonriendo, sigue con su trabajo, haciendo evidente que la conversación ha terminado.

Ha sido la finta más elegante que te han hecho en toda tu vida. Tanto es así que esa manera de esquivarte te huele a una especie de técnica del tío Henry.

Te pica tanto la curiosidad que no puedes evitar preguntar:

–Perdona, Cris, no quiero parecer un pesado, pero ahora mismo siento que acabas de aplicar conmigo alguna técnica de estas de «Aquí todos vendemos» del tío Henry. ¿Es así?

–¡Jajá! A pesar de llevar poco tiempo aquí, veo que vas pillando rápido por dónde van los tiros, jajajajajá. –Se te queda mirando como dubitativa y entonces deja los trastos sobre una mesa y te cuenta con una sonrisa en la boca:

–La cuarta regla de ATV es...

–Perdona, ¿ATV?

–Sí, ATV son las siglas de «Aquí todos vendemos».

–¡Ah! Claro, claro...

–La cuarta regla de ATV es:

Toda PETICIÓN de un cliente
es una oportunidad para VENDER
y toda concesión será a cambio
de una CONTRAPARTIDA

Cuando sigues esta regla, no te imaginas la cantidad de ventas que llegas a hacer en situaciones en las que antes, además de no vender nada, el cliente se quedaba frustrado.

Decide qué hacer ahora:

- Seguir conversando con ella. Pasa a la **página 71.**

- Subir a la habitación para pensar cómo aplicar esta regla a tu negociación con Blackpearl. Pasa a la **página 85.**

Entras en la cafetería del Columbus pensando en la cerveza que te vas a tomar. Todavía tienes la cara desencajada cuando aparece Steven y se sienta contigo.

—Hola, Robert. ¿Cómo estás? ¿Todo bien? Te veo pensativo.

—Sí, bien, bien. Gracias, Steven. Los líos familiares de siempre. Nada por lo que preocuparse.

—¡Ah!, bueno, me alegro de que no sea nada importante. ¿Qué tal está siendo tu estancia en el Columbus?

—Pues toda una experiencia, la verdad. Me impresiona mucho la filosofía que mi tío ha implantado en el hotel. Estoy aprendiendo muchísimo de vosotros, y de hecho me empiezo a plantear muchas cosas... Cosas importantes de la vida.

—Comprendo...

Steven te escucha con tanta atención y es tan amable que no puedes evitar empezar a sincerarte:

—Verás, Steven, la verdad es que mi relación de pareja no está en su mejor momento. Y curiosamente justo ahora aparece la posibilidad más que real de empezar una nueva vida aquí en Chicago, dirigiendo el Columbus...

—Entonces, ¿te lo estás planteando seriamente?

—En realidad estoy hecho un lío con este tema...

En ese momento te das cuenta de que en esta conversación solo estás pensando en ti mismo, cuando en realidad Steven y todo el equipo del hotel se juegan tanto o más que tú con tu decisión.

—Pero ¡eh! No tenéis de qué preocuparos, porque si acabara vendiendo el hotel os iba a garantizar el trabajo en condiciones muy, muy favorables. La seguridad de vuestros puestos de trabajo y vuestras condiciones laborales no son negociables para mí.

—Pues te lo agradezco mucho, Robert. Y precisamente por eso, si pudiera elegir a un jefe, te preferiría a ti antes que a los del fondo de inversión.

—Muchas gracias, Steven. La verdad es que si me llegan a decir hace una semana que ahora me estaría planteando esto no me lo creería.

—Bueno, parece que entre todos te hemos hecho un ATV, ¿no? ¡¡Jajá!!

—Sí, la verdad es que sí. No sé cómo lo habéis hecho, pero aquí estoy, casi a punto de «comprar». ¡¡¡Jajá!!!

—Pues mira, ya que lo dices, en realidad creo que si ahora estás empezando a plantearte esta posibilidad es por algo muy sencillo pero muy importante que hemos hecho todos: aplicar la segunda regla de ATV.

—¡Anda! ¡La segunda! Es verdad que esta todavía no me la ha contado nadie. No la conozco, ¿me la explicas?

—Por supuesto. Mira, lo que ha ocurrido es que todos nos hemos interesado genuinamente por ti. Todos hemos buscado sentarnos a hablar contigo para saber cómo estabas, para entender cómo poder ayudarte.

—Sí, eso es verdad.

–Tanto Henry como Zig nos insistían mucho en que la gente normalmente no entiende lo que es vender. Creen que vender es obligar a alguien a comprar lo que no quiere, o engañarle. Por eso no venden casi nada.

–Entiendo.

–Vender es todo lo contrario. Vender es en realidad buscar con interés genuino cómo podemos serles útiles a los demás. Tan útiles que estén dispuestos a pagarnos por ello gustosamente.

–Pues tiene todo el sentido, así es...

–Efectivamente. La segunda regla de ATV es:

Todos dedicamos TIEMPO DE CALIDAD a HABLAR REGULARMENTE con nuestros clientes para saber cómo podemos AYUDARLES.

–Verás, mucha gente habla con sus clientes solo cuando quieren venderles algo. Porque no les interesa la persona, sino su dinero.

–Así es.

–Lógicamente los clientes perciben que su interés no es genuino y entonces se abren menos. Cuanto menos se abren, menos pueden venderles. Fallan porque no tienen la vocación de servicio que te impulsa a hablar continuamente con los clientes para interesarte sinceramente por ellos. No son auténticos vendedores.

—Sí, bueno... a ver... Hablas mucho de vocación de servicio, pero bien que en las reglas de ATV se habla siempre de conseguir contrapartidas, de ganar dinero.

—Claro, precisamente porque el único indicador real de que estás siendo útil a tu cliente y de que valora de verdad tu servicio es que no le importe pagar por ello. Ese sí es un buen indicador. Lo que pasa es que lo que se regala...

—Sí, eso lo sé: «Lo que se regala no se valora», ¡jajajá!

—¡Exacto! A menudo le regalamos muchas cosas al cliente pensando que le resultan útiles. Y por supuesto que le parecen muy bien; ya sabes eso que dicen de que «a caballo regalado...».

—Sí, cierto.

—Pero son «regalos» inútiles, incluso perjudiciales. No solo no los valoran realmente, porque no están dispuestos a pagar por ellos, sino que al no cobrarlos los estamos devaluando. Además, con estos «regalos» estamos perdiendo un tiempo y unos recursos que no podremos emplear en venderles aquello que realmente necesitan.

—Steven, realmente eres muy generoso. Apenas nos conocemos y no has dudado en explicarme todo sobre el hotel, incluyendo esta filosofía de negocio en la que tanto habéis trabajado. ¿En serio te gustaría que trabajáramos juntos? ¿El resto de empleados crees que opina igual que tú?

—Evidentemente habría que preguntarles a ellos. Lo que yo puedo decirte es que este negocio es un proyecto profesional compartido en el que los empleados han participado activamente. Todos creen firmemente en lo que hacen y para qué lo hacen. Esta manera de entender el negocio la han integrado en su trabajo y en sus vidas, y dudo mucho que voluntariamente quieran renunciar.

Terminas tu cerveza y te despides de Steven. Ya va siendo hora de volver a las conversaciones con Blakpearl. La última vez que hablaste con ellos quedasteis en que ya te darían una respuesta cuando le trasladaran tu contraoferta al director general.

Decide qué vas a hacer:

- Esperar a que sean ellos quienes te llamen, tal y como habíais acordado. No quieres parecer ansioso. Pasa a la **página 110**.

- Proponerles un pequeño calendario de reuniones de negociación. Pasa a la **página 45**.

Han pasado un par de días desde que le comunicaste a Blackpearl que no aceptabas su propuesta a la baja.

Durante este tiempo has aprovechado para visitar las zonas típicas de la ciudad. Sin embargo, ya comienzas a aburrirte. Y, sobre todo, no puedes evitar estar inquieto, porque la ansiada llamada de Blackpearl no llega. ¿Te habrás equivocado rechazando su oferta?

Al tercer día decides tomar acción y buscar proactivamente otros inversores. Contactas con varios. Pero todos te ofrecen sumas a la baja respecto a lo que te ofrecía Blackpearl...

Empiezas a pensar seriamente que has cometido un error. Además, el tiempo no corre en tu favor. No puedes dejar colgados a tus clientes de Madrid durante tantos días. No puedes demorar tu estancia más.

Decide qué hacer:

- Seguir buscando hasta encontrar una oferta mejor. Pasa a la **página 63.**

- Volver a llamar a Blackpearl para decirles que estás a punto cerrar con otro inversor y que es su última oportunidad para mejorar su oferta. Pasa a la **página 51.**

Después del subidón de la reunión te sientes con energía para llamar a Laura desde el teléfono de recepción.

–Hola, soy yo. Ya sé que te tendría que haber llamado cuando llegué; lo siento. Pensé que era mejor dejar pasar unos días para que los dos nos calmáramos. Sé también que tenemos una conversación pendiente sobre lo nuestro, pero ahora no es el momento. Mejor cuando nos veamos, ¿de acuerdo?

–Vale. Es tu decisión.

–Mira, aquí tengo un lío tremendo, los inversores me ofrecen mucho menos de lo que me dijeron. Acabo de reunirme con ellos y les he pedido que se comprometan a mantener todos los puestos de trabajo del personal del hotel.

–¿Por qué has hecho eso?

–Todos los empleados están súper implicados en el negocio. Además, Steven, el gerente, me ha pedido que no venda, que siga con el hotel. No sé... me sabe mal dejarlos en la estacada. Y ya que los de Blackpearl quieren rebajarme el precio, al menos que se comprometan con el personal.

–¿Y eso es lo que quieren los empleados? ¿Les has preguntado si ellos quieren trabajar para esos piratas?

–Pues todavía no les he dicho nada. Ha sido solo una propuesta.

–Tú en tu línea. No puedes decidir por los demás. Quizás esa propuesta no les interese nada y estés perdiendo el tiempo. ¿Y qué es eso de seguir con el hotel? ¡Vaya lío! ¿Realmente lo harías?

—No sé, lo estoy pensando, quizás sería una buena idea. El hotel es muy rentable y todos están tan motivados... La verdad es que estoy aprendiendo mucho y me gusta sentir que todavía hay algún proyecto que me puede ilusionar. Necesito más tiempo.

—¿Tú necesitas más tiempo? Muy bien. Tienes todo el tiempo del mundo. Lo siento, pero tengo cosas que hacer...

—Laura, ¿siempre tienes que acabar así las conversaciones? Tú decides cuando se pone punto final al tema y dejamos de hablar, ¿no? ¿Qué te he dicho para que te enfades?

—Nada, Robert, nada. Sigue a lo tuyo que ya veo que estás muy ocupado y tienes cosas más importantes y prioritarias que tratar. Pues mira, yo también tengo una vida y cosas que hacer, así que ya hablaremos. Adiós. —Pip pip, pip, pip...

Después de la conversación con Laura te sientes cansado y abotargado. El *jetlag* no te da tregua y la cabeza te da vueltas.

Decide qué vas a hacer ahora:

- Retirarte a descansar un poco para tener la cabeza despejada cuando te llamen los de Blackpearl. Pasa a la **página 38.**

- Hacerle caso a Laura y hablar con los empleados del hotel para sondear si les interesaría trabajar en Blackpearl en las condiciones que has exigido para ellos. Pasa a la **página 77.**

La conversación con la simpática camarera, Cris, ha sido de lo más instructiva. Además ¡qué chica tan agradable e inteligente! Te dices a ti mismo que aprovecharás los días que te quedan para conocerla más. ¡Hay que ver con qué elegancia te ha aplicado la 4ª regla de ATV!

«Toda petición de un cliente es una oportunidad para vender y toda concesión será a cambio de una contrapartida».

También te ha parecido un tipo curioso el simpático Zig, que te ha hecho reflexionar sobre la importancia de las buenas propuestas.

«Aquí todos PROPONEMOS, porque para vender hace falta proponer».

Te has enterado por Cris de que Zig es uno de los mayores expertos mundiales en ventas, además de un famoso escritor y orador motivacional. Parece ser que en el mundillo todos le conocen como «El caballero de las ventas». ¡Quién lo iba a decir! Y ¡qué suerte haber coincidido con él en el Columbus! ¡Ojalá tengas ocasión de volver a charlar con él antes de que se marche!

Subes a la habitación de un humor excelente y dispuesto a aplicar ambas técnicas de ATV con los de Blackpearl.

Decide qué hacer:

- Llamar a los negociadores de Blackpearl y hacerles una propuesta de rebaja del 5 %, en vez del 30 % que te habían propuesto ellos. Pasa a la **página 111.**

- Llamar a los negociadores y hacerles una propuesta intermedia entre lo que tú querías y lo que ellos te habían propuesto. Pasa a la **página 113.**

Te pones en contacto con Blackpearl con la esperanza de meterles un poco de presión para que vuelvan a su oferta inicial.

Total, siempre estás a tiempo de aceptar la oferta del 30 % menos, sobre todo teniendo en cuenta que el resto de inversores te están ofreciendo sumas muy por debajo.

Marcas el móvil de la chica de Blackpearl, que te responde al segundo tono.

—¿Sí, dígame?

—Hola, soy Robert Kelly, el heredero del Columbus. ¿Cómo estás?

—Bien, Robert, a punto de entrar en una reunión. ¿Es algo rápido?

—Ummm... Bueno, sí... Llamaba para preguntaros si habíais reconsiderado vuestra oferta. Tengo un par de inversores interesados y estoy a punto de formalizar la venta con uno... En deferencia a vosotros he pensado llamaros por si lo habíais reflexionado y decidís mantener la oferta inicial. Si es así estoy dispuesto a daros prioridad; al fin y al cabo fuisteis los primeros...

—No, Robert, la verdad es que ahora mismo tenemos otras preocupaciones. Ya te dijimos que no podíamos llegar más allá. Como no aceptaste ya hemos invertido ese dinero en otro activo. En fin, te tengo que dejar; la reunión está a punto de empezar...

Cuelgas el teléfono sin poder creer lo que acaba de pasar. Al final tendrás que conformarte, sí o sí, con la oferta más baja del otro inversor, y te fastidia bastante. Ya habías hecho planes para saldar todas tus deudas con la «pasta» de Blackpearl.

Tienes la sensación de que se te ha escapado algo. Tal vez deberías haber aceptado la invitación a comer que, al día siguiente de tu llegada, te hizo ese tal Zig. Como experto en ventas que era, tal vez podría haberte dado algún consejo interesante.

En fin... A lo hecho, pecho. Está claro que tus dotes de negociador tienen áreas de mejora... Decides que cuando vuelvas a Madrid te apuntarás a un curso para desarrollar tus habilidades comerciales.

FIN

—Mira, intentaré explicártelo con las mismas palabras que utilizó aquel día el Sr. Zig. Él dijo:

—«Yo estaba dispuesto a daros el billete de veinte la primera vez que os lo puse en la mano. Pero no pensasteis en la posibilidad de quedároslo».

»Ese dinero representa el dinero que nuestros clientes están más que dispuestos a gastarse si les damos lo que realmente necesitan.

»Es un dinero que ahora mismo estamos dejando escapar.

»Está pasando por delante de nuestras narices y no lo estamos trincando. Ni siquiera lo vemos. Porque no hablamos suficiente con ellos. Porque no nos damos cuenta de lo que necesitan. Porque no les hacemos propuestas. Porque no les vendemos.

»Cada ocasión que se nos escapa es dinero que ya no volverá.

»Y encima los clientes están menos satisfechos de lo que podrían estar.

»Así que todos atentos, a proponer y a vender, ¡¡¡jajá!!! —concluyó.

—Lo aprendimos todos muy bien. Vaya par de *cracks* el señor Henry y el señor Zig, ¿verdad?

—¡Ya te digo!... Jajaá.

Pasa a la **página siguiente.**

Subes a la habitación. Un poco más tarde, tras el increíble masaje del fisioterapeuta y una cena ligera, te deslizas entre las sábanas.

Te sientes más relejado de lo que has estado en años. ¡Qué bien hiciste aceptando la sugerencia del recepcionista!

Cuando estás a punto de quedarte dormido el sonido del teléfono te sobresalta. El impulso te hace descolgar sin mirar quién es.

—¿Sí?

—¡Joder, papá, ya te vale! Dijiste que me llamarías cuando llegaras a Chicago y, si no llamo yo, podría morir esperando.

—¡Hola, Martina! Es que he estado muy liado y con el cambio horario, ya sabes... Y, ¡oye, no me riñas!, que pareces tu madre.

—Pues que sepas que la entiendo perfectamente, porque vas siempre a tu rollo. No me extraña que no te aguantara.

—¿Has terminado ya?

—¡No! Y parece que además de mamá hay otras que no te aguantan. ¿Has hablado con Laura?

— Todavía no.

—Pues que sepas que tiene un enfado monumental. Dice que te fuiste de morros, casi sin despedirte. Y que no sabe nada de ti, ni siquiera cuando piensas volver. ¡Madre mía, papá! Que Laura es guay, no lo estropees otra vez.

–Me alucina la facilidad que tenéis para entenderos entre vosotras. Te aseguro que conmigo no habla tan clarito, más bien espera a que yo le lea el pensamiento... En fin, que luego ya la llamaré.

–Hazlo, porfa. Bueno. ¿Cómo va por ahí? ¿Ya has firmado?

–Qué va.

–Entonces, ¿cuándo volverás?

–Voy a necesitar más tiempo del que pensaba. La negociación con los inversores se está complicando y, no te lo vas a creer, Steven, el gerente del hotel, me está insistiendo para que yo siga con el negocio. Dice que es lo que quería Henry.

–¿Lo que quería Henry? Si no te conocía... Qué raro... Pero bien pensado igual no es mala idea... Se tiene que ganar mucha pasta en un hotel...

–Anda, ¡otra que tal!... Buff... Lo que me faltaba... emprender a los cincuenta y... le digo a Laura que me quedo con el hotel y la armamos gorda... ¡O mira! ¡Quizás sea la solución! Poner tierra de por medio.

–Bueno, bueno, tú sabrás, papá. Por cierto, antes de que me cuelgues, algo tendremos que hacer, porque tus clientes son muy pesados. No tendrías que haberles dado mi teléfono. No paran de llamar para preguntar cosas y yo con mis temas ya voy a tope de trabajo.

–Sí, la verdad es que tengo cada perla de cliente...

—Sí, mira, ha llamado Óscar Torres, ese al que le llevas lo de su fábrica y me dice que tiene otro tema distinto de un edificio que tiene alquilado y que ha recibido un burofax requiriéndole para que haga unas reparaciones. Que tiene dudas de si realmente está obligado o no. Y me pide si le puedo hacer el favor de echarle un vistazo rápido al contrato para aclararle si es responsabilidad suya o de los inquilinos. Estoy a *full* de trabajo y no puedo, papá. De verdad que no puedo. ¿Qué le decimos?

Decide qué quieres:

- Hacer el trabajo tú mismo desde aquí. Aunque no tienes mucho tiempo, lo puedes hacer con el portátil. Es un «marrón», pero se trata de un cliente muy importante. Pasa a la **página 18.**

- Decirle al cliente que este trabajo tendría un coste adicional de 300 €, que no está incluido en vuestro presupuesto actual. Pasa a la **página 54.**

Para colmo, al día siguiente los de Blackpearl te hicieron saber que por motivos ajenos a ellos su oferta previa se reducía a la mitad... *It´s only business,* tuvo la desfachatez de decirte Sandra cuando te hizo saber la nueva oferta.

Y tú que pensabas que eran tus amigos...

En cuanto han visto que estabas necesitado y que podían sacar tajada han decidido aprovecharse de ti sin piedad...

No te quedó más remedio que malvender el Columbus y pedirles a tus padres un aval para pagar la deuda.

FIN

Esperas con impaciencia la siguiente reunión con los compradores. Tienes ganas de verlos para retomar la negociación.

La sorpresa del día es que aparecen acompañados de un señor mayor, muy elegante, afroamericano, vestido con un traje impecable de doble botonadura y vigilado de cerca por dos guardaespaldas.

Antes de que te lo presenten ya has atado cabos. Se trata de Elom Boukari, el presidente de Blackpearl.

Tomáis asiento en la mejor mesa del restaurante y la conversación va fluyendo con gran naturalidad. Elom y tú conectáis rápidamente.

—Mis queridos colegas aquí presentes, están haciendo un trabajo excelente en esta negociación y a medida que me iban contando los detalles algo en mi interior me ha dicho que debía cerrar este trato personalmente.

»A lo largo de mi vida he aprendido a prestar mucha atención a este tipo de sensaciones. Y por eso estoy aquí. Magnífico vino, por cierto. No lo conocía —dice, mirando la etiqueta de la botella.

Al oír este comentario, Cris, que estaba sirviendo los platos, se lanza muy cortésmente:

—Excelente paladar, señor. Se trata del mejor vino de nuestra carta. Si me permite contarle, lo produce un pequeño viticultor local con el que trabajamos desde sus inicios.

—Ah... Qué interesante...

—Su producción es muy pequeña porque dice que es la única manera de ofrecer un producto como este y solo vende a sus clientes de toda la vida. Somos de los pocos afortunados que podemos contar con él en nuestra carta.

—Muy afortunados, ya lo creo...

—Si le interesa puedo hacer que le envíen un par de cajas de nuestra bodega a un precio muy especial.

Elom se queda por unos instantes mirando a Cris sin poder disimular una media sonrisa, inédita hasta ahora.

«Este es el efecto que produce Cris entre los clientes cuando hace un ATV, especialmente entre el público masculino», piensas.

—De acuerdo, adjudicadas esas dos cajas, muchas gracias. Pero no hace falta que me las envíen. Joshua —solicita, dirigiéndose a uno de sus guardaespaldas—, ¿serías tan amable de acompañar por favor a esta señorita para cargar las cajas que te indique en el maletero?

—Por supuesto, señor.

—En cuanto a lo nuestro, querido Robert, tengo que decirte que la compañía no puede aceptar tu petición de mantener en plantilla al personal del Columbus en las condiciones que pedías. Sería una excepción que no podríamos manejar internamente.

»Por otro lado, el precio por la compra es el que te indicamos. Ni un dólar más. Es la única manera de que esta operación sea rentable para nosotros.

»Soy totalmente transparente contigo cuando te digo que hemos estudiado a fondo todas las posibilidades, y aunque conoces mi interés personal en el Columbus, lamento tener que decirte que no tenemos más margen de maniobra.

»No puedo justificar una inversión que no sea claramente rentable ante de mis accionistas, por mucho cariño que le tenga al hotel.

Decide qué quieres hacer ahora:

- Rechazar la oferta y emplazarlos a una nueva reunión. Parece claro que su negativa es una estrategia. El hecho de que el presidente haya ido personalmente demuestra el gran interés que tienen en la operación. **Página 102.**

- Decirles que por ese precio les puedes vender solo el 75 % de la participación en el hotel, quedándote tú con el 25 % restante. Pasa a la **página 97.**

- Explorar otras posibilidades, arriesgándote con una propuesta poco convencional, a ver si hay más suerte. Pasa a la **página 39.**

- En estos días te has dado cuenta de que el Columbus es un hotel muy especial, así que decides no vender y encargarte tú mismo de la gestión. **Página 17.**

–Lamento oír eso, señor Boukary. Por ese precio a lo máximo que podría llegar es a venderles el 75 % de participación, manteniendo yo el 25 % restante. ¿Cómo lo ven?

–Francamente, lo veo inviable, Sr. Kelly –contesta Boukary–. Como le dije antes, nuestros accionistas nunca aceptarán una operación que no sea rentable. Y créame, con esas condiciones esta no lo es.

–¿Y si en vez de un 75-25 % fuera un 80-20 %?

–Estaríamos igual, hijo –contesta Boukary.

–¿Y un 85-15 %?

–Robert –interviene Sandra–, creo que el Sr. Boukary ya te ha contestado. Por favor, no le hagamos perder más tiempo con esto.

–Es una pena, hijo –contesta el señor Boukary con semblante entristecido, mientras apura el último sorbo de su copa de vino–. Cuando las cosas no pueden ser, hay que aceptarlo. Le deseo mucha suerte de corazón, y espero que nos podamos ver en alguna otra ocasión.

Los meses siguientes los dedicaste a reunirte con otros inversores.

Todos te ofrecieron sumas más bajas. Y sin garantía alguna para los puestos de trabajo.

Aunque te pusiste en contacto con Blackpearl, dispuesto a aceptar su última oferta, te confirmaron que ya no estaba vigente. Habían invertido esa suma en otro proyecto.

Finalmente tuviste que vender al mejor postor. El precio fue inferior al que habrías obtenido con Blackpearl. Apenas te llegó para liquidar los impuestos y la hipoteca.

Meses después te enteraste por la prensa de que el Columbus había sido demolido. En su lugar se iba a iniciar la construcción de un rascacielos de viviendas de lujo que le generaría cuantiosos beneficios al fondo de inversión que lo compró.

FIN

Decides darte un paseo por Millennium Park para despejarte. Cuando regresas está anocheciendo. Michael, el recepcionista, ataviado con su uniforme azul, te saluda por tu nombre y muy amablemente te pregunta cómo te encuentras.

–Todo bien, gracias, aunque muy contracturado, la verdad. Es la tensión con todo esto del hotel, sumado con el *jetlag*... que hasta me hace imaginarme cosas... Ojalá esta noche pueda dormir del tirón.

–Si lo desea colaboramos con unos excelentes fisioterapeutas que pueden desplazarse al hotel sin cargarle el coste de desplazamiento, que corre por nuestra cuenta.

«Claro... ¡Jajajá! No podía ser de otra manera» piensas.

–Muchas gracias, pues... ¡Qué demonios! ¡De acuerdo! Si pudieras concertarme una hora para antes de la cena sería perfecto.

Pasa a la página 48.

Llegas puntual a tu cita. Te bajas del taxi y entras en el impresionante rascacielos en el que Blackpearl tiene sus oficinas, en el distrito central de la ciudad, conocido como The Loop.

Tras identificarte, el guardia de seguridad te acompaña a una pequeña sala sin ventanas con una mesa baja y un par de sofás. Te ofrece asiento y te pide que esperes.

A los pocos minutos se abre la puerta y entran dos ejecutivos, un hombre y una mujer, ambos vestidos de negro. Clásicos y elegantes, aunque parecen algo estirados. Te ofrecen la mano con cortesía.

—Encantado, soy Robert Kelly. —Te levantas tendiéndoles la mano a modo de saludo—. Creo que fue con vosotros con quienes hablé por teléfono desde Madrid, ¿verdad?

—Efectivamente —contesta ella sonriendo—, soy Sandra.

—Y yo Thomas —te saluda él, algo más serio y menos efusivo—. Por favor, toma asiento, Robert.

—Mira, Robert —prosigue ella, sentándose a su vez en el sofá frente al tuyo—, no queremos hacerte perder tiempo, así que iremos directos al grano. Los resultados del último *quarter* no han sido buenos para Blackpearl. Hemos tenido que revisar los números y no vamos a poder llegar a más de... —Sandra pronuncia una cifra que es ¡¡¡un 30 % más baja de lo que habíais hablado!!!

La miras incrédulo.

–Pero, pero... Esto es inaceptable... No es lo que habíamos hablado. Habíamos quedado en una cantidad mucho mayor. Me habéis hecho venir expresamente desde Madrid para cerrar el trato y ahora cambiáis las condiciones a última hora... No me parece formal...

–Entiendo que lo veas así, Robert –interviene él–. Sin embargo, nosotros nunca nos comprometimos a una cifra exacta...

–Pero, eso no es así... En todo momento me disteis a entender que...

–Lamento si no es lo que esperabas –le corta ella de forma tajante–, pero no tenemos ningún margen de maniobra. No podemos llegar a más.

Decide qué hacer:

• Decirles que a ese precio no estás dispuesto a vender y que te llamen si cambian de opinión. Estás seguro de que se trata de una técnica de negociación para apretarte y que te llamarán en un par de días. Mientras tanto podrás aprovechar para hacer turismo en Chicago. Pasa a la **página 20.**

• Aceptas la oferta. Aunque no es un precio justo es una cantidad que solucionará tus problemas económicos de por vida holgadamente. Pasa a la **página 14.**

—Lamento oír eso, señor Boukary. No puedo venderles el Columbus si no aceptan ninguna de mis condiciones. Les dejo unos días para que lo piensen y nos volvemos a sentar a finales de semana para un último intento. ¿Qué le parece?

—Vaya, es una pena, hijo —contesta el señor Boukary con semblante entristecido, mientras apura el último sorbo de su copa de vino—. Si las cosas son así es mejor que ni usted ni yo perdamos más tiempo con esta operación. Si no puede ser hay que aceptarlo. Le deseo mucha suerte de corazón con la venta y espero que nos podamos ver en alguna otra ocasión.

El señor Boukary se levanta, seguido de Thomas y los guardaespaldas. Antes de irse Sandra se acerca para despedirse.

—Lo siento, Robert —te dice con un apretón de manos—. Cuando Elom toma una decisión nunca se echa atrás. No hay nada más que podamos hacer.

Pasa a la **página 21.**

Tumbado en una hamaca en la playa de Laucala Island, una de las islas más hermosas y exclusivas de Fiji, le das un sorbo a tu mojito helado y sonríes a Laura, que está tumbada a tu lado y te devuelve la sonrisa.

En el fondo jamás imaginaste que vuestra relación fuera a llegar a buen puerto. Y sin embargo aquí estáis, más unidos y enamorados que nunca y disfrutando de unos días perfectos en una isla paradisíaca.

En un momento de clarividencia entiendes con nitidez meridiana por qué fracasaste con todas tus anteriores relaciones de pareja. Comprendes por qué necesitabas saltar de una relación a otra de manera compulsiva, casi patológica.

Estabas tratando de llenar un vacío interior.

Un vacío que nada tenía que ver con tu pareja, sino con la insatisfacción de no sentirte realizado. De no poder aportar nada valioso. De no sentirte valorado. De no saber quién eras.

Sin duda estos últimos años han sido los mejores de tu vida y te han transformado profundamente.

¡Qué acertado estuviste en toda la gestión de la venta del Columbus!

No solo lo vendiste a un precio razonable, sino que te fuiste con un contrato millonario bajo el brazo para implantar ATV en todos los hoteles de Blackpearl.

Y fichar a los antiguos empleados del Columbus fue la mejor decisión de todas. Nadie como ellos para formar con conocimiento de causa a todos los trabajadores de la cadena. Han convertido en oro cada hotel por el que han pasado.

Elom está encantado.

Y ahora estás a punto de vender la implantación de ATV en una enorme compañía de desarrollo de *software* participada por Blackpearl.

Se han enterado del impacto en la división de hoteles y están como locos para que los ayudéis a trasladar vuestros conocimientos a todos sus empleados.

Tus proyecciones indican que en los próximos dos años tu firma de consultoría estará facturando el doble que el antiguo hotel. Y con una rentabilidad mucho mayor.

En toda la vida jamás te habías sentido tan realizado.

Ni tan valorado.

FIN

Estás desayunando en el aeropuerto de O'Hare cuando escuchas la primera llamada de tu vuelo.

Apuras el café y, antes de ponerte en la cola, decides hacer una parada técnica.

Te sientas en la taza del WC concentrado en tu faena.

Estás a punto de acabar cuando algo te sobresalta.

Bajo la apertura de la puerta de tu baño observas con incredulidad que asoman las puntas de unas *cowboy boots*. Tienen extrañas incrustaciones metálicas. Están tan cerca que podrías pisarlas con tus pies. De hecho te dan ganas de hacerlo. Pero te contienes. No sabes por qué, pero un escalofrío recorre todo tu cuerpo... Y sientes miedo.

Te fijas con más detalle en las incrustaciones: calaveras y pistolas. Inmediatamente te viene a la cabeza aquella serie de *Breaking bad* que viste hace años... y en los tipos que llevaban unas botas parecidas. Tu inquietud se acentúa.

En ese momento decides que no saldrás del baño hasta que el dueño de las botas se haya marchado.

Apoyas los codos sobre las rodillas y las manos en la cabeza y te quedas muy quieto, procurando que no se oiga tu respiración. Esperando.

Los minutos pasan, pero las botas no se mueven. Una rara quietud lo envuelve todo.

Cuando al fin miras la hora no puedes creer que hayan transcurrido treinta minutos. ¡La puerta de embarque debe estar a punto de cerrar!

Pese a todo no te puedes mover. Te encuentras paralizado en una situación surrealista y tomas conciencia de que vas a perder el avión irremediablemente. Cierras los ojos. Un dulce sopor te invade...

A las 13:45 h Tasia Sanders, encargada de limpieza, llama a tu puerta.

—Toc, Toc, Toc. ¡Limpieza de baños!, ¿está ocupado?

Te despiertas del duermevela sobresaltado. Tus piernas están entumecidas. Miras el reloj. ¡Has pasado casi una hora encerrado! Con alivio observas que las botas han desaparecido.

—¡Sí! —contestas a la voz que te ha hablado al otro lado de la puerta—. ¡Ahora mismo salgo!

Al abrir observas el sonriente rostro moreno de la mujer que, fregona en mano, limpia con alegría el suelo del baño.

—Señor, ¿esas botas son suyas?— te dice, señalando la esquina izquierda de la pica donde reposan las botas.

—¿Cómo? Eh... ¿Unas botas? No, no...

—Vaya... Cada vez más gente olvida cosas en los baños. Son muy bonitas —dice mirando las incrustaciones—, deben ser de un niño, y tienen pinta de caras... ¡Qué disgusto se va a llevar!.. En fin, las dejaré en Objetos perdidos a ver si hay suerte y las pueden recuperar...

Sales del baño con sensación de irrealidad.

No es la primera vez que ante situaciones inesperadas te quedas completamente paralizado en lugar de afrontar las cosas con valentía.

Algo parecido a lo que has hecho con el Columbus, piensas.

En el fondo volver a Madrid era lo más fácil, como quedarte inmóvil sin hacer nada...

Sientes que algo esencial se te ha escapado en Chicago. Pero... ¿qué diablos será?

FIN

Disfrutas como un niño en el United Center. Deporte al máximo nivel e increíbles *shows* en los tiempos muertos. ¡Qué espectáculo!

Por supuesto te hiciste la foto de rigor con la estatua de Michael Jordan y, pese a la clavada que te metieron, te compraste la camiseta y la gorra en la tienda oficial.

Tus acompañantes, Paul Ricca y Tony Accardo, resultaron ser de lo más simpático. En el United pagaron todas las cervezas que os tomasteis, que fueron varias. Al salir estabais tan animados que cuando Paul propuso ir a tomar una copa al Andy´s Jazz Bar no lo dudaste ni por un momento.

Una vez en el Andy´s, en un ambiente más íntimo, te animaste a explicarles todas tus dudas con el tema del Columbus: la herencia, la oferta de Blackpearl, tu inexperiencia... Te escucharon con mucha atención y te hicieron muchas preguntas... Y tú aprovechaste para hablar y desahogarte.

* * *

A la mañana siguiente te despiertas con una fuerte resaca. Afortunadamente, tras una ducha larga y reconfortante consigues sentirte un poco mejor.

Cuando estás a punto de bajar a la cafetería a por un café doble, bien cargado, llaman a tu puerta.

Son Paul y Tony. Los invitas a pasar.

—Hola Robert —dice Tony—, lo que vamos a decirte te va a sorprender, pero es importante que lo escuches muy bien porque no lo repetiremos.

Con terror te das cuenta de que Paul se ha sacado una *Sig Sauer* del bolsillo y te apunta directamente al corazón.

–Vas a rechazar la oferta de Blackpearl –prosigue Tony con una mirada glacial que te hace temblar–. En un rato te llamarán de otro fondo, Tiger Gates, y te harán una oferta por el Columbus. La suma será mucho más baja, pero la aceptarás sin chistar. Después nos iremos directamente al notario para firmar y tras esto tendremos la gentileza de acercarte a O´Hare. Allí cogerás el primer vuelo que salga para España. Y, por supuesto, nunca hablarás de nuestro pequeño trato con nadie... Fácil, ¿verdad?

–Si sigues estas instrucciones –interviene Paul–, no volverás a vernos nunca más, y aquí paz y después gloria. Si, por el contrario, te haces el gallito... –dice, mientras apoya el cañón de la pistola en tu sien–. ¿Está claro?

–Clarísimo –dices lívido, incapaz de asimilar lo que te está pasando.

Las siguientes horas las recuerdas como si fueran un sueño.

Ya en el avión, camino de Madrid, sigues con el pulso acelerado.

¿Por qué demonios les diste tantos detalles a esos tipos a los que no conocías de nada? ¡Si ni siquiera eran clientes del hotel! ¡Bocazas! ¡Fuiste un bocazas! Además, con esos nombres, Paul Ricca y Toni Accardo... y esa forma de vestir... ¡¡Quién lleva sombrero hoy en día!! Parecían sacados de una película de Al Capone. ¡Y yo que pensaba que ya no había gángsters en Chicago!

FIN

Mientras esperas la llamada decides seguir disfrutando de todo lo que Chicago puede ofrecer, como subir al *Centenary Wheel*, con sus vistas 360º, y asistir a un concierto al aire libre en el Jay Pritzker, una estructura alucinante de Frank Gehry.

Pasa una semana y los de Blackpearl siguen sin contactarte. Comienzas a inquietarte. ¿Deberías llamar tú? Optas por esperar. No quieres parecer ansioso.

Los días siguientes apenas sales de la habitación. Revisas el móvil constantemente para asegurarte de que no se te ha escapado ningún mensaje o llamada perdida, pero nada...

Al cabo de cinco días decides llamar a la chica de Blackpearl.

−Hola Sonia, ¿qué tal estás? Soy Robert Kelly.

−Sandra. Soy Sandra, no Sonia −contesta, visiblemente molesta.

−Perdona, Sandra, te llamaba por si tenéis ya una respuesta sobre la propuesta que os hice...

Pasa a la **página 135.**

Dudas de si llamar a la chica o al chico. Te decides por la chica.

Estás un poco nervioso. Esta chica es tan seria y estirada que hablar con ella impone un poco.

–¡Buenos días! Soy Robert Kelly –dices con voz jovial cuando ella descuelga el teléfono.

–Hola Robert, me pillas un poco liada. No me va muy bien hablar ahora –te dice con voz fría y cortante.

«¡Qué simpática!» piensas para ti con ironía.

–Serán solo cinco minutos –contestas, intentando que no se te note el nerviosismo–. Es sobre vuestra propuesta. Es ridículamente baja, no la puedo aceptar. Mira, le he estado dando muchas vueltas y, como gesto de buena fe, os podría hacer un descuento del 5 % como mucho.

–La respuesta es no. ¿Algo más? –pregunta con impaciencia y con una prepotencia que te parece realmente exasperante...

«¿Cómo se puede ser tan borde?» piensas.

No lo puedes evitar y explotas.

No te pasa muy a menudo. Pero, cuando sucede, es como si se rompiera un dique de contención dentro de ti. No hay quien lo pare. «*Robert a perdu la tête*» decía la yaya Paulette llevándose las manos a la cabeza cada vez que te pasaba.

Te pones a gritar desatado.

—¿Quién te crees que eres? ¿La reina de Saba? ¿Cómo se puede ser tan borde? ¿Nadie te ha enseñado a hablar con un poquito más de educación? ¡Estirada, que eres una estirada!... ¡No os vendería el Columbus ni borracho!... ¡¡¡Sabandijas!!!...

Continúas desgañitándote hasta que caes en la cuenta de que ya no hay nadie al otro lado del teléfono.

Te ha vuelto a pasar.

Esto ya no hay quien lo arregle.

Finalmente no te queda otra que malvender el Columbus.

Como era de esperar, tras haber perdido los papeles los de Blackpearl no aceptan volver a recibirte.

Aunque buscas otros inversores, todos te ofrecen sumas a la baja.

Cuando regresas a casa, en Madrid, decides pedir cita urgente con el doctor Cuadrado, un reconocido especialista que ayuda a personas como tú.

Aprender de una vez por todas a controlar tus impulsos es ahora tu máxima prioridad.

FIN

Dudas de si llamar a la chica o al chico. Te decides por el chico. Aunque los dos parecían de lo más estirado, él al menos sonreía de vez en cuando.

—Hola buenos días. ¿Hablo con Thomas?, ¿Thomas Culpepper?

—Sí, soy yo.

—Hola Thomas, soy Robert, del Columbus. Oye, qué apellido más curioso, «Culpepper»... —dices, intentando romper el hielo—. ¿Qué significa?

—Significa «el falso comerciante de pimienta» —contesta Thomas con voz gélida—. ¿En qué te puedo ayudar? —pregunta muy serio. Parece que tu torpe intento de caldear el ambiente no ha tenido mucho éxito.

—Mira, Thomas, vuestra oferta es ridícula. Te propongo algo intermedio, una rebaja de un 15 en vez del 30 %. «Ni pa ti ni pa mí» —dices, pronunciando estas últimas palabras en español.

—«Ni-pa-thi-ni-pa-me» —repite Thomas con marcado acento americano—. No sé qué significa pero la respuesta es no. ¿Algo más? —pregunta con impaciencia y una prepotencia que te resulta exasperante...

No lo puedes evitar y explotas. No te pasa muy a menudo, pero cuando sucede es como si se rompiera un dique de contención dentro de ti. No se puede parar. *«Robert a perdu la tête»* decía la yaya Paulette llevándose las manos a la cabeza cada vez que te pasaba.

Te pones a gritar desatado.

—¿Quién te crees que eres? Con esa voz tan pija... ¿Un lord? «Falso comerciante de pimienta». Vaya apellido de mierda... Lo que eres es un ladrón, como la otra estirada... ¡No os vendería el Columbus ni borracho!... ¡¡¡Sabandijas!!!...

Continúas desgañitándote hasta que caes en la cuenta de que no hay nadie del otro lado del teléfono.

Te ha vuelto a pasar.

Esto ya no hay quien lo arregle.

Finalmente no te queda otra que malvender el Columbus.

Como era de esperar, tras haber perdido los papeles los de Blackpearl no aceptan volver a recibirte.

Aunque buscas otros inversores todos te ofrecen sumas a la baja.

Cuando regresas a casa, en Madrid, decides pedir cita urgente con el doctor Cuadrado, un reconocido especialista que ayuda a personas como tú.

Aprender de una vez por todas a controlar tus impulsos es ahora tu máxima prioridad.

FIN

También que después se irán a ver un partido de los *Bulls* en el *United Center*.

Tú siempre has sido un fan de la NBA y no puedes evitar intervenir.

—¡Qué planazo ir a ver a los *Chicago Bulls*! ¿Contra quién juegan?

—Contra los *Pistons* de Detroit —contesta sonriente el más alto—. ¿Te gusta el baloncesto?

—¡Partidazo! —contestas emocionado—. Me encanta el baloncesto, aunque nunca he tenido ocasión de ver en directo a la NBA. ¡Qué suerte que hayáis conseguido entradas!

—¡Pues sí! —contesta el más bajo—. No queríamos irnos de Chicago sin verlos.

—Oye —te dice el más alto—, si te interesa, nuestro colega, el que se aloja aquí, se ha puesto enfermo y nos sobra una entrada. ¿Te quieres venir?

Decide qué hacer:

- Aceptar. Una oportunidad así no se presenta dos veces. Ya trabajarás en el caso Blackpearl mañana. Además, si surge la ocasión, podrás pedirles su opinión. Hablar con Steven, con Zig y con Cris te ha ayudado a ampliar tu perspectiva. Tal vez ellos te puedan dar algún consejo interesante. Pasa a la **página 108**.

- Declinar amablemente. Tu prioridad ahora es centrarte en cerrar tu propuesta a Blackpearl. Pasa a la **página 116**.

—Muchas gracias por el ofrecimiento —contestas apenado—. Me encantaría, pero me es imposible. ¡Disfrutad del partido!

Los dos hombres se miran de forma extraña, como si no esperaran esa respuesta. Observas que el más bajo se lleva la mano al lateral de la chaqueta, donde se perfila un bulto de unos 15 centímetros, que te recuerda demasiado la forma de una pistola.

Justo en ese momento el ascensor se detiene y las puertas se abren. Es tu planta.

Sales apurado, musitando una torpe despedida. Sin mirar atrás te diriges sofocado a tu habitación.

Una vez dentro, con el corazón latiendo acelerado, vas directo al baño a refrescarte la cara

—Qué extraño —piensas, ya más tranquilo, mientras te secas con una toalla—. Por un momento he sentido miedo. Algo en ellos me ha recordado a esos gángsters de las pelis de Al Capone... Debe ser por ese *look* con sombrero. ¿Quién demonios se pone un sombrero de esos hoy en día? En fin, lo que está claro es que en Chicago ya no hay gángsters. Y que el bulto ese no podía ser otra cosa que un paraguas plegable. ¡Si no ha parado de chispear desde que has llegado a esta ciudad!

«Robert —te dices a ti mismo— deberías despejarte. Entre el *jetlag* y el estrés con todo el tema del hotel empiezas a imaginarte cosas. Así te va a ser difícil pensar con claridad en tu propuesta a Blackpearl».

Decide qué vas a hacer:

- Salir a dar un paseo para despejarte y luego aprovechar para seguir hablando con otros empleados del Columbus. Pasa a la **página 99.**

- Pedir que te suban a la habitación un café bien cargado para despejarte. Descansar un poco y luego ponerte con tu propuesta a Blackpearl. No puedes demorarlo más. Pasa a la **página 118.**

Tras encargar el café abres la libreta y comienzas a listar las diferentes opciones. Estás totalmente enfrascado en la tarea cuando unos fuertes golpes interrumpen tu ansiada concentración.

—Toc, toc, toc. ¡Abra la puerta!

«Ya voy, ya voy... Debe ser el chico de los recados con el café —piensas—. Qué forma tan maleducada de llamar a la puerta...».

—¡CPD! —vuelve a gritar la misma voz grave al otro lado de la puerta.

Te quedas paralizado. ¿Ha dicho CPD? ¿La Policía de Chicago? Debo haber entendido mal...

—¡*Chicago Police Department*! —gritan de nuevo con impaciencia—. Abra la puerta inmediatamente y ponga las manos donde podamos verlas.

Lo que pasó a continuación lo recuerdas como si de un sueño se tratara.

Tras abrir ves a dos agentes que te apuntan con el arma reglamentaria. Mientras uno te esposa, el otro te recita el consabido párrafo de derechos. Te acompañan fuera del hotel y te meten en un Ford Explorer negro que arranca a toda velocidad. A los pocos minutos llegas a una comisaría. Allí te permiten una llamada. Marcas a Martina, tu hija, para pedirle que avise inmediatamente a tu abogado para que se encargue de la situación.

Esa noche la pasas aislado. Por la mañana te acribillan a preguntas de lo más extrañas. Te acusan de ser parte de una red mafiosa. Parece que los cabecillas son los tipos aquellos del ascensor. Por mucho que insistes en tu inocencia no te creen.

Al día siguiente, una elegante mujer de mediana edad se presenta como tu abogada en Chicago. Pese a que parece muy competente no consigue tu liberación tras el *Initial hearing*.

La abogada te avisa: la Fiscalía tiene pruebas contundentes contra un tal Robert Kelly, que parece ser ha debido suplantar tu identidad.

Tienes un largo periplo por delante. Demostrar tu inocencia es ahora tu máxima prioridad y eso te va a costar mucho dinero.

Finalmente, al cabo de meses consigues que se te libere de todos los cargos, pero a costa de malvender el Columbus para poder hacer frente a todos los gastos.

FIN

—Entiendo. Bien hecho, Martina. Vamos a hacer una cosa. Mira, le vuelves a llamar y le dices que efectivamente lo has hablado conmigo. Le comentas que esa gestión que nos pide requiere un trabajo exhaustivo para poder hacer un buen análisis y contestar al requerimiento como procede. Que no se trata de echar un vistazo en cinco minutos, porque si se nos escapa algún detalle y luego hay algún problema entonces nos echará una buena bronca, y con razón. Solo si se resiste mucho le dices que por esta vez, como deferencia especial hacia él, no le vamos a cobrar nada. ¿Te parece?

—Vale, papá. Hablo con él y luego te cuento.

Bajas al bar a desayunar. Allí te encuentras con Zig, que te saluda efusivamente.

—¡Acompaaaáñame, amigo! Que las penas con compañía son más pequeñas, ¡¡jajá!!

La conversación resulta de lo más animada y motivante. ¡Qué energía tiene este hombre! Una buena manera de empezar el día, después del «marroncete» con Óscar Torres.

—¿Y qué te preocupa? —te pregunta Zig.

—Pues mira, que el tema este del ATV no es tan bonito como lo pintáis por aquí...

Y le cuentas la historia con tu cliente.

—Maravilloso. Has hecho un ATV perfecto y además resulta que has tenido mucho éééééééxito.

—¿Mucho éxito? Perdona, Zig, pero no entiendo nada de nada.

–Sí, hombre, sí. Vamos a analizar bien lo que ha pasado. Mira, hasta ahora tú estabas haciéndole todas estas gestiones gratis a tu cliente. ¿Tú crees que las valoraba mucho o poco?

–Hombre, yo creo que las valoraba, por eso lo hacía.

–Bien. ¿Mucho o poco?

–Hombre, pienso que bastante, no sé...

–¿Lo suficiente como para pagarte por ellas?

–Mmmm... Eso no lo sé...

–¿Lo suficiente como para pagarte las horas que efectivamente empleas en ellas?

–Lo dudo. Por eso no se las cobro.

–¿Ves? Tú mismo consideras que las horas que empleas en hacerles todos estos extras a tus clientes no tienen valor. Y eso es lo que les estás comunicando cuando no les cobras: que tu trabajo no vale lo suficiente.

–Hombre, dicho así...

–Recuerda siempre: lo que se le regala a un cliente no lo valora. Y, en realidad, si ellos no lo valoran, se debe, ni más ni menos, a que tú no se lo cobras. Y eso es porque en el fondo tú tampoco valoras lo suficiente el producto de tu trabajo.

–Me dejas descolocado...

—Además, el tiempo que empleas haciendo todos estos «regalos» para supuestamente quedar bien con los clientes, ¿de dónde lo sacas?

—Pues de donde puedo.

—Claro, entonces como tienes menos tiempo para hacer las tareas, las tienes que hacer con menor calidad. Si te equivocas en algo, ¿crees que no te lo van a tener en cuenta por los «regalos» que les has hecho antes? ¿O te echarán la bronca igualmente?

—¿Me lo preguntas o me lo dices?

—Pues eso.

—Sí, si tienes toda la razón... Alguna vez incluso me he llevado alguna queja por algún extra que he hecho sin cobrar y, como lo he tenido que hacer con el tiempo justo, resulta que he podido olvidar algo y, entonces, encima de pegarme la currada a toda prisa, agobiado y sin cobrar, me he llevado la bronca y he tenido que trabajar más para subsanarlo.

—A eso se le llama ser cornudo y apaleado.

—Sí, es eso mismo... ¿Sabes qué pasa? Estaba pensando que en realidad no me atrevo a cobrarles algunos de estos extras porque, como no tengo tiempo para hacérselos súper-bien, como a mí me gustaría, entonces no considero que se los tenga que cobrar.

—¿No tienes tiempo ni recursos para hacerlo bien y por eso no se los cobras?

—Sí, eso es.

—¿O más bien es que, como no se lo cobras, por eso no tienes recursos para hacerlo bien?

—¿Cómo?

—Si estuvieras cobrando todos estos extras, al final podrías, por ejemplo, contratar a alguien para que pudiera hacer las gestiones bien hechas, con todo el rigor y la dedicación que merecen.

—Buff, Zig, ahora mismo está a punto de explotarme la cabeza...

—¡¡Jajá!! ¡Buena señal, buena señal!

—Entonces, ¿tú crees que hice bien con este cliente?

—Por supuesto. Siempre y cuando se le haya explicado con mucha amabilidad y mucho tacto, lo que has hecho es fantástico. Solo ahora sabe el verdadero valor que tienen esas gestiones que le venías regalando. Ahora empezará a valoraaaaaaaaaaaaarlo.

—Entiendo...

—Pero no solo eso. A partir de hoy, la próxima vez que se le ocurra pedirte algo se lo pensará dos veces. ¿Por qué? Porque sabe que quizás le pidas un dinero a cambio. Pedir es muy fácil, ¿sabes? Especialmente si es gratis.

»Pero si lo que pedimos tiene un precio, pedimos solo lo que nos resulta realmente necesario. Y solo entonces lo valoramos realmente.

—Sí, tienes toda la razón, Zig... Me dejas más tranquilo... Gracias.

—De nada, hombre, solo faltaba. ¿Recuerdas cómo terminaba la cuarta regla de ATV?

—Sí, creo que era algo así como...

...toda CONCESIÓN
será a cambio de una CONTRAPARTIDA.

—¡Exacto! ¡Muy bien! ¡Pues eso es!

—Pero —continúas—, en mi caso puede que se lo haya acabado regalando igualmente. Le he dicho a Martina que si se resiste mucho le diga que esta vez se lo haremos sin coste.

—Lo que dices no es exacto.

»En realidad no se lo vas a regalar, porque para él ha tenido el coste de tener que esperar a tu respuesta y convencerte para que no le cobres.

»Tal vez no acabe pagando con dinero, pero habrá tenido que invertir un tiempo y un esfuerzo.

»Y tú, tal vez, esta vez no ganes dinero. Pero habrás conseguido que conozca cuánto valen esas gestiones. Como le habrá costado un tiempo y un esfuerzo, y además ya sabe el precio, ahora empezará a valorarlo.

»Fíjate, en realidad has vendido valor.

—Entiendo.

—Oye, me tengo que ir ya que en una hora entro en un congreso de ventas con mi *speech* motivacionaaaaaaaal. ¡Jajá!

—Por supuesto. Mil gracias, Zig

Te quedas pensativo terminando el desayuno. Te das cuenta de que estás aprendiendo más aquí en dos días que en todos los años de estudio en la Universidad. ¿Por qué no enseñarán este tipo de cosas en las universidades? ¿O en el colegio?

Interrumpe tus pensamientos una llamada. Es el tipo de Blackpearl.

¿Qué decides ahora?

- Tu tiempo vale dinero y les vas a enseñar a valorarlo, así que les dices que solo venderás si te pagan el importe de la oferta inicial, razón por la cual te has desplazado hasta Chicago. Pasa a la **página 59.**

- Si decides seguir negociando y hacer una contrapropuesta a partir de su última oferta, pasa a la **página 23.**

Le dices a Thomas que no venderás por menos de lo hablado inicialmente. Si no te dicen algo mañana, serás tú quien retire la oferta y buscarás otras opciones.

Cuelgas con sensación de triunfo. ¡Estos tiburones pensaban que eras un tonto y se la han tenido que envainar!

Al día siguiente nadie llama. Tampoco durante el resto de la semana.

Para no parecer desesperado decides volver a casa con la idea de buscar otros inversores desde allí.

Ya en Madrid contratas a una empresa especialista para que te hagan un estudio comparativo, como hicieron los de Blackpearl. Deberías haberlo hecho antes. Quieres estar seguro del precio de mercado real.

Al cabo de unas semanas, cuando recibes el informe te quedas sorprendido. El precio de mercado realmente es ligeramente inferior a la oferta de Blackpearl. ¿Te habría dicho Thomas la verdad después de todo?

Meses más tarde, tras varios intentos frustrados, consigues cerrar la operación con un gigante hotelero por un 20 % menos que lo que te habría pagado Blackpearl.

Aunque antes de firmar volviste a llamar a Thomas, te despachó diciendo que ya habían invertido ese dinero en otras cosas.

Peor imposible. No solo tu órdago no funcionó. También has perdido tiempo y mucho dinero. Y, por qué no decirlo, también un poco de autoestima.

Tal vez no eres tan listo como pensabas.

FIN

Acuerdas con Thomas hablar en un par de días. Tiempo de sobra para buscar nueva información y preparar una buena argumentación.

Durante este tiempo aprovechas para seguir conociendo Chicago. El primer día hiciste el crucero por el lago Michigan, con su imponente *skyline*: la Torre Willis, el John Hancok... El segundo recorriste Michigan Avenue, con su bella arquitectura. Y, por supuesto, visitaste el Instituto de Arte, que te impresionó por las maravillosas obras que albergaba.

Por las tardes te encerrabas en el hotel. Encargabas una pizza y te concentrabas en preparar la reunión. Al tercer día, con tus argumentos claros, marcas el número de Thomas:

−Hola Thomas. No puedo aceptar. Ya he perdido mucho tiempo y dinero. Me venido desde Madrid y ahora cambiáis la oferta...

−Robert, ya te dije que nunca nos comprometimos a una cifra...

−Sí lo hicisteis. ¿Quién me va a compensar ahora por esta pérdida de tiempo y dinero?

−También te dije que no podemos llegar a más.

−No es verdad. Tengo nuevos datos. Sé que el mes pasado comprasteis un hotel más pequeño por un 40 % más de lo que me ofrecéis...

−Ese caso no es comparable. No tiene nada que ver...

—Además, me he informado de vuestros resultados. Es cierto que son inferiores al trimestre anterior, pero seguís ganando dinero a espuertas...

—Robert, los accionistas nunca apoyarán una operación que no les garantice un retorno suficiente.

—Sí, pero... (bla, bla, bla, bla...)

—Ya, pero no es así... (bla, bla, bla..bla...)

—No estoy de acuerdo, porque... (bla, bla, bla, bla...)

Dos horas después seguís discutiendo. Cada argumento es seguido por un contraargumento y nadie se mueve de su posición.

Transcurren los meses y nadie parece dispuesto a ceder.

Finalmente, harto de todo, tomas la decisión de venderle a otro fondo por un importe algo menor. Perderás un poco de dinero, sí. Pero al menos no le darás la satisfacción al estirado de Thomas de haber ganado esta batalla. ¡¡Que se fastidie!!

FIN

—Pero Steven, ¡no puedes aceptar! Mira, no os había comentado nada aún, pero en este tema de la venta hay una condición no negociable para mí: el mantenimiento de vuestros puestos de trabajo. Además, estoy intentando cerrar una mejora salarial del 15 % para todos...

—Robert, te lo agradezco mucho, de veras... Si hubiéramos tenido esta información antes...

—Bueno. Lo sabes ahora...

—Sí... pero... ¿Esto que me dices ya está cerrado con Blackpearl?

—Bueno, no. Aún no. Pero te aseguro que...

—Robert, no me la puedo jugar. La oferta de Le Cargol es realmente buena y segura. Además... ya he firmado el pre-contrato...

—Pero, Steven...

—Y... hay algo más... En Le Cargol me han dado libertad para formar mi equipo. Y un presupuesto para hacerlo. Voy a hacerles algunas ofertas a otros empleados de aquí...

—Steven, por favor; dame unos días más...

—Lo siento, Robert. No puedo arriesgarme en algo tan importante... En cualquier caso, si te puedo ayudar en lo que sea, cuenta conmigo, aunque ya no trabaje para el Columbus...

En los días siguientes, además de la de Steven, recibes otras cartas de renuncia. Entre otras la de Teophilus, el de mantenimiento, la del recepcionista y la de la eficiente camarera Cris.

En cuanto los de Blackpearl se enteran de la fuga masiva de empleados aprovechan para rebajar aún más su propuesta.

Saben que no tienes ni idea de cómo dirigir un hotel y que tampoco tienes tiempo para ponerte a contratar a nuevos empleados y empezar de cero otra vez...

No te queda otra que acabar vendiendo por un 40 % menos de lo que te ofrecían inicialmente.

FIN

—Sandra, Thomas, os ruego me dejéis acabar. Tengo una nueva propuesta...

Los dos negociadores se miran y tras unos momentos de vacilación se vuelven a sentar.

—Veréis —prosigues, intentando transmitir una tranquilidad que no sientes–, estoy dispuesto a rebajar un 15 % en el precio de compra a cambio de que manejéis la excepción para los empleados que os pedía.

—Robert, no... —dice Sandra suspirando y poniendo los ojos en blanco.

—Sandra, entiendo las dificultades, pero estoy seguro de que esta propuesta es interesante para vuestros accionistas. Un 15 % es mucho dinero. Solo os pido que la presentéis internamente y, si dicen que no, seguiremos explorando otras opciones.

—Robert, no tenemos tiempo para seguir buscando opciones. Debemos cerrar este tema ya. No lo van a aceptar.

—Por favor, Sandra, os lo pido como un favor personal.

Pasa a la **página 50.**

Tras acabar la cerveza subes a la habitación, dispuesto a echarte una buena siesta antes de empezar a darle vueltas al tema Blackpearl.

Cierras las cortinas para quedarte en penumbra y te tumbas en la cama. Sin embargo, pese a lo cansado que te encuentras enseguida te das cuenta de que no podrás dormir. Estás demasiado excitado con los acontecimientos del día.

Resignado, decides que lo mejor será ponerte cuanto antes a trabajar.

Coges tu libreta y revisas el valor que calculaste que podría tener el Columbus cuando te enteraste de lo de la herencia. Lo hiciste bien asesorado, considerando el potencial precio de venta del edificio según mercado y sumando el beneficio neto que podría esperarse del hotel en los próximos 7 años.

Luego escribes la primera oferta de Blackpearl, la que hablasteis cuando estabas en Madrid. Era un 10 % inferior. Te parecía una cifra muy alta igualmente y no tuviste reparos en aceptarla. Por eso estás aquí.

Sin embargo, al llegar a Chicago te ofrecen un 30 % menos –anotas el número–. ¡Esto es casi un 40 % inferior a tu cálculo inicial! Tienes claro que han intuido tu prisa por vender y quieren sacar tajada...

Observas las tres cifras unos segundos, sin saber muy bien cómo avanzar. Te sientes cansado. Y además tu estómago vacío ha comenzado a protestar.

Decide qué hacer:

- Llamar a recepción y pedir que te suban algo de comer. Con el estómago lleno seguro que verás más claro el próximo paso con Blackpearl. Pasa a la **página 22.**

- Volver al bar y buscar al tal Zig. Tal vez no era tan mala idea almorzar con él en el restaurante. Después de comer podrás ponerte con lo de Blackpearl. Aunque el tipo no te pareció muy serio, quién sabe si puede darte algún consejo útil para clarificarte las ideas. Pasa a la **página 26.**

—Mira, Robert, justo te iba a contactar. Hace unos días nos surgió una nueva oportunidad, la compra de Le Cargol, un hotel victoriano que está muy cerca del Columbus... En fin, esta semana teníamos Junta de accionistas y necesitábamos bloquear las inversiones del año. El caso es que, como no sabíamos nada de ti y la opción de Le Cargol era buena, lo hemos cerrado. De hecho, ayer lo dejamos todo firmado.

—Pero, entonces...

—Entonces ya no estamos interesados. Lo siento, Robert.

Cuelgas sin dar crédito.

Está claro que no has hablado lo suficiente con los de Blackpearl para entender sus necesidades e interés real. «La cagaste, Burt Lancaster», te dices a ti mismo resignado.

Aunque buscas otros inversores, todos rechazan tus condiciones. Y, pese a que en su día te planteaste quedarte al frente del hotel, la realidad es que eres bien consciente de que no tienes suficiente experiencia. No te ves capaz de hacerlo solo sin el soporte de una organización que te respalde.

Finalmente no te queda otra que vender por mucho menos, volver a Madrid y olvidarte del Columbus para siempre.

FIN

—Bueno, no tengo mucho tiempo, pero cuéntamelo rápido, en dos minutos...

—Pues «Aquí todos vendemos» ha sido siempre el lema de Henry. El espíritu de nuestro negocio. La idea que ha guiado a todos nuestros trabajadores en el día a día de este hotel. A ver cómo te lo cuento rápido... —Mientras mira a su alrededor como buscando algo—. Por ejemplo, este timbre del mostrador. ¿Tú dirías que es un activo o un pasivo?

—Pues ahora mismo no sé... Supongo que un pasivo... En su momento fue un gasto, que además no se revaloriza y sirve de poco...

—Si llegan posibles clientes al hotel y en ese momento no hay nadie en la recepción puede pasar que no quieran esperar y se marchen, ¿no? Podríamos perder una venta, ¿cierto? O quizás piensen que no recibirán un buen servicio. Si en cambio pueden avisar tocando el timbre y así conseguimos que el recepcionista los atienda rápidamente, habrá servido para ayudar a generar ventas. ¿Estás de acuerdo?

—Sí, claro.

—Entonces es un activo.

—Entiendo...

—Este hotel en sí mismo es un activo porque sirve para vender y ganar dinero. Es un negocio rentable.

»Los activos no se venden, salvo en caso de extrema necesidad o para invertir en un activo mayor. Lo único que vendemos son los pasivos, porque así podemos desprendernos de ellos. En definitiva: no vendas el hotel.

Te quedas descolocado. Te marchas a la reunión despidiéndote con una sonrisa un tanto nerviosa.

Cuando llegas a Blackpearl te reciben los negociadores. Un hombre y una mujer con los que ya habías hablado por teléfono desde Madrid. Aunque llegas tarde a tu cita se muestran muy amables y comprensivos.

Sin embargo, lo que ponen encima de la mesa es una oferta ¡un 30 % por debajo de lo que habíais estado hablando hasta el momento! Una estrategia negociadora un tanto rastrera: saben que para ti es caballo regalado y mucho dinero igualmente. Quizás has pecado de darles demasiada información.

Les preguntas qué pasará con Steven y con el resto de empleados del hotel cuando lo vendas y la vaguedad de su respuesta resulta más que elocuente.

Decide qué vas a hacer ahora:

· Arrancar con una posición fuerte para negociar. Les dices amablemente que no aceptarás ni un centavo menos de la cifra que tú les habías propuesto. Pasa a la **página 36.**

· Aceptar la oferta. Aunque no estés vendiendo a un precio justo es una cantidad de dinero que solucionará tus problemas económicos de por vida más que holgadamente. Pasa a la **página 14.**

· Agradecer la oferta y decirles que necesitas un par de días para pensártelo. Pasa a la **página 66.**

Tras la charla con Zig te quedas más tranquilo. Efectivamente, la cena no fue ninguna pérdida de tiempo. Ahora tienes claras las necesidades de Blackpearl.

Abres un Excel y te pones a hacer números.

«A ver –piensas–, comprando en las condiciones que les he planteado estarían cubriendo sus necesidades. Por un lado consolidarían su posición en Chicago, una de las ciudades con más potencial. Por otro, pese al incremento de sueldos y descontando el valor de las acciones que yo mantendría, la tasa de rentabilidad seguiría siendo buena. Seguro que hasta más alta que la de sus otros hoteles».

Emocionado, porque todo cuadra, decides ponerlo en bonito en un PowerPoint. Cuando terminas te sientes muy satisfecho. Ha quedado súper chulo. Incluso has metido al final una de esas frases inspiradoras que tanto te gustan: *«Las pequeñas oportunidades son el principio de las grandes empresas»*, de un tal Demóstenes.

Esa misma mañana llamas a Sandra y os citáis antes de comer.

Sandra y Thomas te reciben en una de las salas de reuniones de la planta baja de las oficinas de Blackpearl.

Conectas tu PC y proyectas la presentación. Al llegar a la tabla con los números comienza la discusión.

—Esos números no me cuadran —comenta Thomas—, habría que revisarlos.

–Además –añade Sandra–, aunque estuvieran bien tampoco nos valdrían. La masa de margen seguiría siendo pequeña en comparación con el resto del negocio. Imposible justificar con estos números unas condiciones diferentes para los empleados.

Decide qué hacer:

• Pedirles que te hagan ellos otra propuesta, a ver si conseguís cerrar el tema de una vez. **Página 140.**

• Probar una nueva técnica e invitarlos a comer, en modo amigo, con el objetivo de recuperar el buen rollo del día anterior y desde ahí abordar de nuevo el tema. **Página 142.**

—Está bien, Sandra, Thomas —les dices—, si nada de lo que os pido os encaja, ¿cuál es vuestra propuesta?

—No podemos cederte el 10 % de las acciones —contesta Thomas.

—Se me ocurre una idea... —propone Sandra—. Podríamos plantearnos cambiar el nombre del hotel y bautizarlo como «The Robert Kelly Columbus Hotel». De alguna forma sería como si siguieras siendo el dueño de forma honorífica. ¿Qué te parece?

—Pues... hombre... No es eso lo que estaba buscando... pero...

—Pocos pueden presumir de tener su nombre en un edificio en Chicago —añade Thomas—, solo la «Very Important People». Podríamos invitar al alcalde a la inauguración. Hasta podrías ser tú mismo quien se encargara del discurso inaugural... Hemos visto que eres muy bueno haciendo presentaciones...

—A ver, eso no estaría mal... pero...

—En cuanto a los empleados —prosigue Sandra—, haremos lo posible por mantener los puestos. Pero no podemos ponerlo por escrito. Lo que sí podemos hacer es convocarlos para explicarles que, gracias a ti, estamos intentando garantizar los puestos. Te aseguro que delante de ellos mantendremos tu nombre y reputación intactos.

La propuesta te resulta seductora. Ya te imaginas saliendo en la tele. Pronunciando tu discurso ante el alcalde y otros ilustres de la ciudad. También podrías poner en tu cuenta de LinkedIn el nuevo cargo honorífico, con una foto tuya, donde se vea de fondo el nuevo nombre del hotel. Sería un puntazo... Tus amigos y clientes alucinarían...

Aceptas.

No es hasta el siguiente día, tras la firma, cuando ves claro que en realidad has renunciado a todas las contrapartidas que pedías sin conseguir nada tangible a cambio. El ego te cegó.

Nunca hubo un discurso inaugural. Blackpearl terminó despidiendo a más del 50% de la plantilla y el cambio de nombre se limitó a una pequeña placa, apenas legible, en la puerta de entrada del hotel.

FIN

—Bueno, chicos —les dices—, no quiero discutir. Os propongo algo: ¿y si comemos juntos y hablamos tranquilamente con el estómago lleno y una copa de vino en la mano?

—Pues no es mala idea —contesta Thomas—; la verdad es que no he desayunado y me muero de hambre...

—¡Me apunto! —añade sonriente Sandra—. Esta tarde la tengo bastante despejada ¿Qué os parece si cogemos el coche y hacemos una excursión? ¡Tengo ganas de probar el nuevo restaurante del Casino Ameristar! ¡Me han hablado genial!

—¡Excelente! —exclamas con efusividad—. ¡Me encantan los casinos! Hasta nos podemos echar una partidita si nos da tiempo...

Después de 25 minutos de trayecto, que hacéis cómodamente en el Tesla Model Y de Thomas, llegáis al Ameristar. Un enorme complejo a orillas del East Chicago Lake con hotel, casino y varios restaurantes.

La velada es muy agradable. Los tres sois buenos bebedores. A medida que se vacían las botellas de vino la conversación se distiende. Sandra y Thomas te confiesan que son pareja, aunque nadie lo sabe en Blackpearl.

Os reís a carcajadas, recordando lo tensa que se puso la negociación el primer día. Te sientes muy a gusto con ellos, como si estuvieras con amigos de toda la vida.

Al acabar la comida, entre risas, decidís entrar un rato en el casino para probar suerte con la ruleta y el blackjack.

No sabes muy bien cómo pasó.

Probablemente fue una mezcla del alcohol, la excitación del ambiente, con todas esas luces y el sonido de las tragaperras.

También tus ganas de impresionar a Sandra, a Thomas y a toda esa gente que te empezó a rodear, aplaudiéndote a medida que apostabas más y más dinero...

En menos de 3 horas perdiste medio millón.

Pasa a la **página 93**.

ATV
AQUÍ TODOS VENDEMOS

1

Todo lo que genera ventas es un ACTIVO
y lo que no, un PASIVO.
Por eso AQUÍ TODOS VENDEMOS.

2

Todos dedicamos TIEMPO DE CALIDAD a HABLAR
REGULARMENTE con nuestros clientes para saber cómo
podemos AYUDARLES.

3

Aquí todos PROPONEMOS,
porque para vender hace falta proponer.

4

Toda PETICIÓN de un cliente es una oportunidad para
VENDER y toda CONCESIÓN será a cambio de una
CONTRAPARTIDA.

5

NUNCA le decimos NO a un cliente.
Simplemente ponemos el PRECIO adecuado.

SOLUCIONES

Decisión 1 (página 13): pasa a la página 136: Steven es el gerente del hotel. Conoce mucho mejor el contexto que nosotros. Y parece que nos quiere explicar algo. No nos dejemos llevar por las prisas. Escuchemos lo que nos quiere decir. Tal vez sea importante para nuestra negociación. Recordemos la segunda regla de ATV y la importancia de hablar para recabar información relacionada con nuestros clientes.

Decisión 2 (página 137): pasa a la página 66: no nos precipitemos bloqueando la negociación en este punto o finalizándola antes de tiempo. Mejor dejemos abiertas todas las opciones de momento. Así ganamos tiempo para ampliar nuestra perspectiva, sin perder nada. Como dice la regla número cinco, «nunca le decimos NO a un cliente. Simplemente ponemos el PRECIO adecuado».

Decisión 3 (página 67): pasa a la página 41: seguimos en fase de diagnóstico. Tenemos enfrente a un cliente del hotel de toda la vida al que le gustaría hablar con nosotros. Recordemos el consejo que nos dio el tío Henry en su carta: «Mira, escucha y aprende». ¿Por qué no dedicar un rato a hablar con él? Tal vez nos cuente algo interesante. En cualquier caso no perdemos nada. De nuevo, no nos dejemos llevar por las falsas urgencias y guiémonos por la regla dos de ATV.

Decisión 4 (página 44): pasa a la página 68: seguimos con la regla dos. Hablar con una buena empleada del hotel puede ser una oportunidad fantástica para ampliar nuestra perspectiva. ¿Por qué no aprovecharla?

Decisión 5: (página 70): pasa a la página 71: más de lo mismo. La empleada del hotel nos está dando consejos muy valiosos. ¿Por qué cortar la conversación antes de tiempo? Profundicemos más.

Decisión 6 (página 73): pasa a la página 47: la conversación con la empleada ha sido muy útil. Tal vez sea buena idea hablar también con otros empleados, a ver qué más nos pueden contar. Recordemos que antes de intervenir es muy importante tener la máxima información para poder tomar una buena decisión. No dejemos que las prisas nos hagan precipitarnos.

Decisión 7 (página 49): pasa a la página 89: el aprendizaje es más profundo y tiene que ver con la regla uno de ATV. Estemos muy atentos a la explicación que nos dará Michael a continuación.

Decisión 8 (página 92): pasa a la página: 54: para que el cliente valore nuestro trabajo es fundamental que conozca su valor. ¿Cómo lo va a saber si no se lo explicamos? Tengamos en cuenta que con un cliente, y en la vida en general, lo que se regala no se valora. Esta es la razón de ser de la regla número cuatro de ATV.

Decisión 9 (página 56): pasa a la página 120: de nuevo, hay que recordar que lo que se regala no se valora. Prestemos mucha atención a la explicación que nos dará Zig a continuación, que nos ayudará a entender bien por qué, sin duda, esta es la mejor decisión.

Decisión 10 (página 125): pasa a la página 23: apliquemos las reglas tres y cinco de ATV. En lugar de cerrarnos en banda tiene mucho más potencial abrir opciones, y para ello podemos poner encima de la mesa una nueva propuesta.

Decisión 11 (página 84): pasa a la página 77: ejemplo claro de aplicación de la regla número dos, que nos habla de la importancia de escuchar, porque pueden aportarnos información útil que nos ayudará a tomar una mejor decisión.

Decisión 12 (página 81): pasa a la página 45: en lugar de esperar pasivamente a que muevan ficha los otros, tomemos las riendas de la situación y hagamos una propuesta. Es el poder de la tercera regla de ATV: en una negociación, el que más propone es quien lidera.

Decisión 13 (página 46): pasa a la página 27: de acuerdo con la segunda regla de ATV: todos dedicamos tiempo de calidad a hablar regularmente con nuestros clientes para ver cómo podemos ayudarlos. Ahora tenemos una ocasión de oro para hablar con ellos con calma. Para entenderlos más. Para conocerlos mejor. No solo como profesionales; también como personas. Vamos a olvidarnos de «nuestro libro» y a centrarnos en conectar de manera honesta con las personas que tenemos delante.

Decisión 14 (página 30): pasa a la página 94: ¿qué tiene más potencial? ¿Intentar convencer a la otra parte de lo nuestro poniendo más y más argumentos sobre la mesa? ¿O hacer una propuesta alternativa que sirva mejor a los intereses de ambas partes? En línea con la regla número tres de ATV parece lógico pensar que quizás es mejor hacer una propuesta alternativa. Aunque en este momento no tengamos muy claro cuál puede ser. Por ello sigamos aplicando la regla dos de ATV. Escuchemos para entender más.

Decisión 15 (página 96): pasa a la página 39: ahora conocemos bien el valor del hotel y las necesidades de nuestros potenciales compradores. Con esa información podemos aplicar la regla tres de ATV y hacer una propuesta alternativa, muy diferente a las otras que han sido rechazadas. Arriesguémonos a hacerla, a ver qué pasa. Que sean los demás los que limiten nuestras opciones, no nosotros mismos.

El resto de opciones que se presentan siguen siendo limitantes. La de la página 102 supone un bloqueo a la negociación. Recordemos la quinta regla de ATV. La de la página 97 es volver sobre lo mismo con pequeñas variaciones. Tiene bajo potencial porque otras propuestas similares han sido rechazadas. Y la opción de la página 17 puede parecer atractiva, porque le hemos cogido cariño al hotel. Pero ¿realmente queremos dedicarnos a gestionar un hotel en Chicago? ¿Podría haber algo incluso mejor para todos?

KOLIMA
BOOKS